KB268259

걷는 동안 믿음이 된다

걷는 동안 믿음이 된다

걷는 동안 믿음이 된다

지은이 | 장재훈
초판 발행 | 2026. 2. 11.
등록번호 | 제1988-000080호
등록된 곳 | 서울특별시 용산구 서빙고로65길 38 두란노빌딩
발행처 | 사단법인 두란노서원
영업부 | 02)2078-3333   FAX | 080-749-3705
출판부 | 02)2078-3331

책값은 뒤표지에 있습니다.
ISBN 978-89-531-5253-3 03230

독자의 의견을 기다립니다.
tpress@duranno.com   www.duranno.com

두란노서원은 바울 사도가 3차 전도여행 때 에베소에서 성령 받은 제자들을 따로 세워 하나님의 말씀으로 양육하던 장소입니다. 사도행전 19장 8-20절의 정신에 따라 첫째 목회자를 돕는 사역과 평신도를 훈련시키는 사역, 둘째 세계선교(TIM)와 문서선교(단행본·잡지) 사역, 셋째 예수문화 및 경배와 찬양 사역, 그리고 가정·상담 사역 등을 감당하고 있습니다. 1980년 12월 22일에 창립된 두란노서원은 주님 오실 때까지 이 사역들을 계속할 것입니다.

걷는 동안 믿음이 된다

두란노

목차

묵상하며 걷는 40일 순례길

1. 멸망의 도시
회심 이전, 은혜 없는 삶의 자리 24

2. 전도자
순례자의 길을 밝히는 복음의 등불 28

3. 고집과 변덕
복음 앞에 드러나는 두 가지 심령 32

4. 절망의 늪과 도움
절망에서 건져 주시는 보혜사 성령 36

5. 세속 현자
믿음의 길을 가로막는 합리주의의 유혹 40

6. 좁은 문과 선의
은혜로 열리는 구원의 문 44

《천로역정》은 개신교를 대표하는 고전입니다. 고전은 한 번 읽고 지날 책이 아닙니다. 우리 곁에 두고 자주 묵상할수록 좋은 보약입니다. 보약은 단시일에 효험을 볼 수 없을지 모르지만, 결국 몸과 마음을 강건하게 합니다.

《천로역정》이 양약이 되도록 저의 동역자 장재훈 목사님이 '해설 묵상집'을 만드셨습니다. 《천로역정》을 읽거나 가평 '천로역정 순례길'을 순례하는 전후에 이 책을 읽으면 피가 되고 살이 되는 영적 유익을 경험하게 될 것입니다.

특히 이 책은 가평 필그림하우스 천로역정 순례길의 40회 지점을 따라 40일의 묵상을 하도록 고안되었습니다. 모세의 시내산 40일, 엘리야의 40일 소명의 여정, 예수님의 광야 40일 여정처럼 하늘의 은혜를 경험할 것입니다.

우리는 묵상을 잃어버린 사막 같은 시대에 살고 있습니다. 그러나 우리가 묵상을 시작하는 순간, 우리는 사막에 오아시스를 만들게 될 것입니다. 그리고 우리는 이 오아시스에서 축제를 시작할 것입니다.

기독교는 축제의 종교입니다. 이 묵상의 오아시스에서 축제에 참여하는 당신의 빛나는 얼굴을 보고 싶습니다. 이제 두 손을 들고 축제의 오아시스로 오십시오!

천로역정 순례길을 함께 섬기는 순례 동역자
이동원 지구촌교회 원로목사

장재훈 목사님의 첫 책이 세상에 나오게 되어 참으로 기쁩니다. 저는 저자와 오랜 세월 교제하며 함께 배우고, 함께 성장하는 기쁨을 누려 왔습니다. 저자는 잘 배우는 사람이며, 성실하게 섬기는 목회자입니다. 무대 위보다 무대 뒤에서 더욱 성심을 다해 사명을 감당해 온 사람입니다. 때로는 갈렙처럼, 때로는 바나바처럼, 조용히 맡겨진 사명을 감당해 왔습니다. 그 섬김의 여정에서 《천로역정》을 깊이 만나게 되었고, 이제는 순례의 길을 안내하는 목회자가 되었습니다.

《걷는 동안 믿음이 된다》는 '길'에 대한 책입니다. 그러나 더 정확히 말하자면, 길 위에서 그리스도인이 어떻게 빚어지고 성숙해 가는가에 대한 책입니다. 저자는 오랜 시간 《천로역정》을 연구하며 그 길을 머리로만 해석하지 않았습니다. 직접 발로 걷고, 마음으로 묵상하며, 삶으로 순종해 왔습니다.

이 책에는 그 오랜 시간 동안의 침묵과 의문, 질문과 묵상, 기다림과 섬김이 고스란히 배어 있습니다. 순례의 길은 빨리 가는 길이 아니라 신실하게 걷는 길입니다. 저자는 《천로역정》의 상징들을 오늘의 언어로 풀어내면서도 해답을 서두르지 않습니다. 대신 독자들을 묵상의 자리로 초대하고, 하나님의 걸음에 속도를 맞추도록 이끕니다. 과속의 시대를 살아가는 우리를 잠시 멈추게 하고, 다시 기본으로, 다시 본질로, 다시 복음으로 돌아가게 합니다. 이 책은 우리를 슬로우 영성의 길로 인도합니다.

특히 이 책은 깊이 묵상하는 목회자, 조용한 섬김으로 신앙을 살아 내는 목회자가 어떤 언어로 복음을 전할 수 있는지를 보여 주는 귀한 본보기입니다. 이 책은 한 번 읽고 덮는 책이 아니라, 순례의 길을 걷다 다시 펼치게 되는 책입니다. 속도보다 중요한 것은 방향입니다. 순례의 길에서 지치고 흔들릴 때, 이 책은 다시 올바른 방향을 가리켜 주는 조용한 영적 동반자가 될 것입니다.

저는 이 책을 《천로역정》과 더불어 순례자의 길을 걷기를 소망하는 모든 분에게 기쁘게 추천합니다. 깊은 영성을 추구하는 분들께 그리고 《천로역정》에 담긴 영적 원리를 오늘의 삶 속에서 구체적으로 살아 내기를 원하는 분들께 이 책을 추천합니다.

강준민 새생명비전교회 담임목사

우리는 어떻게 하나님의 말씀대로 살 수 있을까요? 아마도 모든 그리스도인들의 고민일 것입니다. 우리는 말씀의 홍수 시대에 살면서 성경 말씀을 많이 듣고, 읽고, 공부하는데 왜 근본적인 삶의 변화가 없을까요? 삶에 묵상이 없기 때문입니다. 듣고, 읽고, 공부한 내용을 묵상하지 않기 때문에 말씀이 우리 삶에 뿌리내리지 않는 것입니다.

그런 의미에서 장재훈 목사님의 《천로역정》 해설을 담은 이 묵상집은 모든 그리스도인을 《천로역정》의 내용을 통해 하나님의 말씀을 묵상하도록 인도한다는 점에서 참 탁월합니다. 묵상 질문 하나 하나가《천로역정》의 내용을 중심으로 성경 말씀의 거울 앞에 우리 자신을 비추어 보고 말씀 앞에 결단하도록 디자인되어 있습니다. 적용과 결단 그리고 관련 성구가 다시 한번 구체적인 삶의 적용으로 이끌어 주기에 말씀이 삶에 뿌리내리도록 도움을 줍니다.

《천로역정》은 모든 그리스도인이 믿음의 여정에서 만나게 되는 역경, 고민, 문제, 근심 그리고 도전을 포괄적으로 다루기에, 삶의 중요한 선택의 기로에서 이 묵상집을 통해 말씀의 구체적인 인도를 받을 수 있다는 점이 참 유익합니다.

이 책을 통해 모든 그리스도인이《천로역정》이 선사하는 참된 생명, 능력 그리고 기쁨을 생생하게 체험하기를 기도합니다!

김우준 지구촌교회 담임목사

우리는 지금 역사상 유례없는 가속의 시대를 살아가고 있습니다. 인공지능과 빅데이터, 초연결 네트워크의 발달로 상상 이상의 문명을 경험하며 살아가지만, 그 빠른 흐름 속에서 인간의 영혼은 오히려 쉼을 잃어 가고 있습니다. 정보는 넘쳐 나는데 진리는 희미해지고, 연결은 풍성해졌으나 관계는 얕아졌습니다. 수많은 선택지 앞에서 우리는 도리어 삶의 방향을 잃고 방황하기도 합니다.

그리스도인들 역시 예외는 아닙니다. 끊임없는 속도 경쟁 속에서 자기 성찰의 자리는 점점 줄어들고, 신앙은 어느새 깊이보다 효율과 편의를 선택하기가 쉽습니다. 분주함으로 하나님 앞에 머무는 시간이 줄어들고, 말씀을 음미하며 묵상하기보다 필요한 것만 빠르게 취하는 태도에 익숙해지기도 합니다.

이러한 초가속의 시대에 존 버니언의 《천로역정》은 여전히 우리의 영적 나침반이 되어 줍니다. 《천로역정》은 길을 잃은 현대인에게 다시 '길'을 보여 주는 안내서이며, 신앙이 무엇인지, 어떻게 걸어가야 하는지를 삶의 언어로 들려주는 귀한 고전입니다. 이 책을 따라 《천로역정》을 읽고 묵상하며 기도하는 시간은, 우리의 인생 순례길에서 지친 영혼을 소생시키고 잃어버린 영성을 회복하게 할 것입니다.

  이 묵상집은 가평 필그림하우스의 '천로역정 순례길'과도 맞닿아 있습니다. 이동원 목사님의 비전과 지구촌교회의 헌신으로 세워진 천로역정 순례길은 2016년 9월 정식 오픈 이후, 수많은 순례자가 그 길 위에서 말씀의 지혜와 성령의 감동을 경험해 왔습니다. 저는 그 천로역정 순례길의 은혜가 일회적 감동으로 끝나지 않고, 일상의 자리에서 계속 이어지기를 바라는 마음으로 이 책을 준비했습니다. 이 묵상집이 가평 필그림하우스 천로역정 순례길 체험을 앞둔 분들에게는 깊은 영적 배움의 준비 도구가 되고, 순례를 마친 분들에게는 받은 은혜를 삶으로 연장하는 통로가 될 것입니다.

  우리는 모두 길 위에 서 있는 사람입니다. 각자의 '멸망의 도시'를 떠나 '좁은 문'을 통과하고, '십자가의 은혜'를 붙들며, 마침내 '천성'을 향해 걸어가는 순례자입니다. 이 40일의 여정을 통해 《천로역정》의 영적 지혜가 독자 한 분 한 분의 인생 순례길에 실제적인 힘과 능력으로 이어지기를 소망합니다.

2026년 2월

가평 천로역정 순례길 안내자

장재훈 목사

《천로역정》(*The Pilgrim's Progress*)은 기독교 문학사에서 독보적인 위치를 차지하는 고전으로 평가받습니다. 이 작품은 성경 다음으로 가장 많이 인쇄되고 번역된 기독교 서적으로, 전 세계 수많은 사람에게 영적 통찰과 위로를 제공해 왔습니다. 《천로역정》은 단순한 문학 작품을 넘어 기독교 신앙의 핵심 원리를 담고 있으며, 그 보편적인 메시지는 시대를 초월해 300년이 지난 오늘날에도 여전히 그리스도인들의 신앙 여정에 탁월한 영적 통찰을 제공합니다.

《천로역정》의 저자 존 버니언

《천로역정》의 저자 존 버니언(John Bunyan)은 17세기 영국을 대표하는 청교도 설교자이자 작가로, 복음의 능력을 생생히 체험하고 이를 글로 풀어낸 목회자입니다. 그는 정규 교육을 거의 받지 못했지만, 성경에 대한 깊은 열정과 하나님의 부르심에 대한 민감한 순종을 통해 교회사에 길이 남을 신앙의 유산을 남겼습니다.

　존 버니언은 1628년, 영국 베드포드 인근 작은 마을 엘스토우의 가난한 땜장이의 가정에서 태어났습니다. 그는 청년 시절 군 복무 중 전쟁의 위험과 죄의식 속에서 깊은 내적 갈등을 겪었습니다. 이러한 영적 불안정은 그를 진정한 회심으로 이끌었고, 특히 아내가 혼수로 가져온 두 권의 경건 서적과 성경 말씀은 그의 영혼을 깊이 뒤흔들었습니다. 이 회심의 여정을 통해 존 버니언은 하나님의 은혜에 압도당한 사람이 되었고, 이후 설교자로서 복음을 전하기 시작합니다.

그러나 그는 국교회의 허가 없이 설교했다는 이유로 체포되어, 12년에 이르는 긴 수감 생활을 하게 됩니다. 억울한 옥살이와 가정을 돌보지 못하는 고통 속에서도 그는 감옥 안에서 하나님을 더욱 깊이 만났습니다. 베드포드 교회는 그의 저술과 설교의 은사를 인정하여, 1671년 12월 그가 옥중에 있음에도 불구하고 목사로 지명하여 안수를 베풀었습니다. 그리고 그 감옥 안에서 존 버니언의 위대한 대작 《천로역정》이 탄생하게 됩니다.

이 책은 1678년 초판 출간 이후 전 세계 200여 개 언어로 번역되며 성경 다음으로 가장 많이 읽힌 책이 되었고, 300년이 넘는 세월 동안 시대와 문화를 초월해 수많은 독자에게 복음적 감화와 영적 통찰을 안겨 주었습니다. 존 버니언의 문학은 단순한 우화가 아니라 성경의 진리를 담은 강력한 알레고리(allegory)이며, 그의 삶 자체가 복음의 산 증거이자 하나의 설교라 할 수 있습니다.

그의 또 다른 대표작인 《죄인 중 괴수에게 넘치는 은혜》(*Grace Abounding to the Chief of Sinners*, 1666년)는 자신의 회심 여정을 솔직하게 기록한 영적 자서전으로, 회심과 회개의 과정을 생생하게 담고 있습니다. 이 외에도 그는 수십 권의 설교집과 우화적 저작을 남겼습니다. 존 버니언은 고난 속에서도 복음을 놓치지 않았던 사람입니다. 감옥에 갇혀 있을 때에도 그는 하나님의 임재를 경험하며 성령의 감동으로 글을 써 내려갔습니다. 《천로역정》은 그러한 신앙의 깊이와 영적 상상력 그리고 고난 속에서 피어난 믿음의 꽃이라 할 수 있습니다.

한글판의 배경과 의미

《천로역정》의 한국 최초 번역본인 《텬로력뎡》은 1895년 서울 배재학당의 삼문출판사(三文書院, Sammun Press)에서 목판 인쇄본으로 발행되었습니다. 이 번역은 캐나다 선교사 제임스 스카스 게일(James Scarth Gale)과 그의 아내 해리엇 게일(Harriet E. G. Gale)이 한국인 이창직의 도움을 받아, 영어 원본과 함께 중국어 번역본(天路歷程)을 참조하여 이루어졌습니다. 이는 서양 소설 최초의 한글 완역본으로, 한국 초기 기독교 문학의 출발점이 되었습니다.

《천로역정》 한글 초판은 복음 전도의 도구로 활용되었으며, 이후 한국 기독교 서사 문학의 형성에도 영향을 끼쳤습니다. 이 초판본에는 당시 풍속 화가였던 기산 김준근 화백의 삽화 42점이

수록되어 있어, 문맹자들도 그림을 통해 이야기를 이해할 수 있었습니다. 각 장면은 한복 차림의 조선인 인물들로 표현되어, 당시 한국인 독자들에게 친숙한 형상으로 《천로역정》의 성경적 메시지를 전달했습니다.

작품의 전 세계적 영향

《천로역정》은 존 버니언의 생전에만 10쇄 이상 발행되었으며, 이후 세계 각지로 전파되어 약 200개 언어로 번역되었습니다. 성경이 보급되는 곳마다 함께 전해지며, 성경 다음으로 가장 많이 배포된 책으로 평가되고 있습니다.

《천로역정》은 찰스 디킨스(Charles Dickens), C. S. 루이스(Lewis), J. R. R. 톨킨(Tolkien) 등 여러 문학가에게 큰 영향을 끼쳤고, 현대 판타지 문학의 원형으로도 평가됩니다. 또한 찰스 스펄전(Charles H. Spurgeon), 조지 휘트필드(George Whitefield) 등 수많은 설교자에게 깊은 영향을 주었으며, 마하트마 간디(Mahatma Gandhi) 역시 《천로역정》의 도덕적 비전과 영적 순례 개념에 깊이 공감하여, 이 책을 그의 비폭력 저항 운동의 내면적 기반 가운데 하나로 삼았습니다.

대한민국 초대 대통령 이승만 박사는 《천로역정》을 통해 신앙인의 정체성과 독립을 향한 순례자적 인내를 배우고, 대한민국 건국의 이상을 '하늘 시민권'(Heavenly citizenship)과 연결하여 이해했다고 전해집니다. 대한민국 초대 교회의 거목인 길선주 목사, 신사 참배 반대로 순교한 주기철 목사, 이성봉 목사, 한경직 목사, 이동원 목사 등 한국 교회사에 이름을 남긴 탁월한 목회자들 역시 《천로역정》을 통해 큰 영감을 받았으며, 이 작품을 통해 성경의 영적 진리를 선포해 왔습니다.

지구촌교회의 원로목사인 이동원 목사님은 예수님을 믿기 전, 20대 시절 영어를 배우기 위해 나갔던 교회의 성경 공부 모임에서 한 선교사님에게 《천로역정》 원서를 선물로 받았습니다. 목사님은 고어(古語)로 된 영문 《천로역정》을 이해하기 위해 영어 사전을 찾아 가며 4개월 동안 정독했고, 그 과정에서 책의 내용이 마음 깊이 새겨지며 언젠가는 이 이야기를 테마파크로 현실화하고 싶다는 생각을 품게 되었다고 합니다.

그 생각과 비전은 약 50여 년의 시간을 지나, 2016년 9월 5일 가평에 위치한 필그림하우스에 '천로역정 순례길'이 오픈 되면서 현실이 되었습니다. 필그림하우스의 천로역정 순례길은 수덕산 산기슭 8천 평 부지에 조성된 약 1킬로미터의 순례길로, 《천로역정》에 등장하는 39개의 처소와 40여 점의 인물 조형물을 통해 형상화되었습니다.

필그림하우스의 친로역정 순례길은 멸망의 도시에서 시작해 천성에 이르기까지의 여정을 충실히 구현한 영성 형성 훈련의 장입니다. 이 순례길은 단순한 산책길이 아니라, 각 장소마다 우리의 영혼을 깨우고 말씀을 되새기며 결단하게 하는 살아 있는 성경 해석의 현장입니다.

▮ 필그림하우스 〈천로역정 순례길〉 안내도 ▮

이 책의 사용법

본서는 묵상과 기도를 통해 천성을 향한 인생 순례 여정에서 영적 근육을 강화하도록 돕는 실제적인 활용 가이드북입니다. 먼저 각 장에 제시된 《천로역정》 이야기를 읽은 후, 《천로역정》 해설을 읽습니다. 이어서 질문과 나눔을 살펴보며, 질문에 대한 생각과 적용점, 느낀 점, 기도 제목을 자유롭게 기록해 보시기 바랍니다. 이러한 기록은 시간이 지나면서 여러분만의 '천로역정 인생 기록서'가 될 것입니다.

그다음에는 적용과 결단을 통해 묵상한 내용을 하루의 순례길에 적용해 보시기 바랍니다. 적용과 결단을 읽는 가운데 떠오르는 생각이나 기도 제목, 영적 교훈이 있다면 역시, 기록해 보십시오. 이후 《천로역정》 이야기와 연결된 성경 구절을 읽고 암송한 후, 기도로 묵상을 마칩니다.

각 장에 제시된 질문과 나눔을 활용하여 소그룹에서 토의를 이어 간다면, 혼자가 아닌 공동체와 함께 걷는 순례길의 은혜를 경험할 수 있을 것입니다. 이 책에 담긴 40일의 묵상을 끝까지 완주한다면, 여러분의 인생 순례길을 완주하는 데 영적인 큰 힘을 얻게 될 것입니다.

묵상하며 걷는
40일 순례길

1. 멸망의 도시

회심 이전, 은혜 없는 삶의 자리

하나님을 알되 하나님을 영화롭게도 아니하며 감사하지도 아니하고
오히려 그 생각이 허망하여지며 미련한 마음이 어두워졌나니 _롬 1:21

《천로역정》 이야기

'크리스천'(Christian)이 처음 등장하는 장면은 그의 고향인 '멸망의 도시'(City of Destruction)입니다. 이곳은 외적으로는 평온해 보이지만, 영적으로는 심판이 임박한 상태에 놓인 도시입니다. 도시는 타락해 있으며, 주민들은 영원에 관한 관심 없이 세상일에 몰두하거나 거짓된 평안 속에서 살아갑니다.

크리스천은 하나님의 책을 읽으며 죄의 짐을 느끼고 괴로워합니다. 그는 죄로 가득한 멸망의 도시가 불로 심판받을 것임을 깨닫고, 그 죄의 짐을 해결하며 심판을 피하고자 전도자의 안내를 받아 좁은 문을 향한 순례를 시작합니다.

《천로역정》 해설

'멸망의 도시'는 구원받기 전 인간의 영적 상태를 상징합니다. 순례자 '크리스천'은 멸망의 도시에서 '은혜가 없는 자'(Graceless)라는 이름으로 살아가고 있었습니다. '은혜 없음'은 자기중심적이며, 죽음과 심판이 임박해 있음에도 영적으로 어두워 그 위험을 인식하지 못하는 상태입니다.

멸망의 도시의 시민들은 세속적인 가치관에 사로잡혀 현실에만 집중하며 살아가고, 영원한 세계에 대해서는 아무런 관심이 없습니다. 그들은 자신의 편안함과 쾌락, 안정에만 몰두하며 진리에는 무관심합니다. 이러한 모습은 오늘날의 물질주의와 무감각한 종교 생활, 자기 합리화로 가득한 현대 사회의 모습과도 일치합니다.

크리스천은 현실 도피가 아니라 죄에 대한 심판, 곧 하나님의 경고를 듣고 영적으로 깨어 멸망의 도시를 떠납니다. 그의 여정은 말씀을 통한 회심과 순종의 출발입니다. 멸망의 도시는 단지 크리스천이 출발한 지리적 배경이 아닙니다. 그것은 곧 우리 모두의 출발점이며, 구원이 임하기 전 인생의 본질입니다.

주님의 말씀과 은혜가 아니었다면 우리는 여전히 그 도시에서 무감각하게 살아가고 있을 것입니다. 그러나 매일의 회개와 말씀에 대한 순종은 우리를 다시금 천성을 향한 방향으로 이끌며, 우리가 순례자임을 깨닫게 할 것입니다.

질문과 나눔

◇ 당신은 일상 속에서 영원한 생명과 하나님의 심판에 대해 얼마나 진지하게 생각하고 있나요?

◇ 당신은 삶 속에서 하나님의 말씀 앞에 결단하며 순종하는 신앙생활을 하고 있나요?

◇ 당신은 하나님 나라의 가치보다 세상의 성공과 편안함을 더 추구하는 삶을 살고 있지는 않나요?

◇ 예수님을 믿기 전의 삶과 예수님을 믿고 난 이후의 삶의 변화를 함께 나누어 보세요.

적용과 결단

◇ **날마다 말씀의 거울 앞에 서 보세요.**
인생의 순례길에서 내 안에 아직 남아 있는 죄와 어두움은 없는지,
날마다 말씀의 거울을 통해 내 영혼을 살피겠습니다.

◇ **회개의 삶을 실천하세요.**
작은 죄라도 가볍게 여기지 않고, 매일 회개와 돌이킴으로 하나님
앞에 서겠습니다.

◇ **순례자의 정체성을 잊지 마세요.**
나는 멸망의 도시에 속한 자가 아니라, 좁은 문을 지나 천성을 향해
나아가는 순례자임을 기억하며 인생 순례의 길을 걷겠습니다.

기도

하나님 아버지, 제가 하나님을 안다고 하면서도 멸망의 도시의 주민처
럼 하나님을 영화롭게 하지 않고 감사하지 않으며, 허망하고 미련한
부분은 없는지 성령님께서 제 마음을 조명해 주시옵소서. 우리를 긍휼
히 여겨 주시는 예수님의 이름으로 기도합니다. 아멘.

2. 전도자

순례자의 길을 밝히는 복음의 등불

너는 말씀을 전파하라 때를 얻든지 못 얻든지 항상 힘쓰라
범사에 오래 참음과 가르침으로 경책하며 경계하며 권하라 _딤후 4:2

《천로역정》 이야기

크리스천이 죄의 짐으로 괴로워하며 들판에 나와 "내가 어찌해야 구원을 받을 수 있을까?"라고 울부짖을 때, 한 인물이 그를 찾아옵니다. 바로 '전도자'(Evangelist)입니다. 그는 하늘의 빛을 받은 자이며, 하나님의 진리를 전하는 자입니다. 그는 크리스천에게 "임박한 진노를 피하라"라고 적혀 있는 두루마리를 전해 주며 좁은 문을 향해 가라고 안내합니다. 그 이후에도 크리스천이 길에서 흔들릴 때마다 다시 등장하여 경고하고 권면하며 바른길로 인도하는 사역을 감당합니다.

《천로역정》 해설

'전도자'는 하나님의 복음을 전파하고 순례자들의 길을 안내하는 사명자입니다. 그는 사람들의 영혼을 살리기 위해 진리를 외치며, 길을 잃은 사람들을 불러내는 자입니다. 전도자는 죄의 무거운 짐을 지고 힘들어하며 죄에서 자유를 얻기를 바라는 영혼을, 빛 되신 예수님을 만날 수 있는 좁은 문으로 안내하는 자입니다.

전도자는 부드럽게만 말하지 않습니다. 때로는 엄중한 경고로, 때로는 눈물 어린 권면으로 크리스천이 진리의 길에서 이탈하지 않도록 도와줍니다. 그의 모습은 오늘날 진리의 말씀을 선포하는 목회자, 전도자, 소그룹 리더, 신앙 공동체 리더의 모습입니다.

전도자는 멸망의 도시 입구에서뿐만 아니라, 크리스천이 좁은 문으로 가는 길을 벗어나 도덕촌의 율법 선생을 찾아가는 가장 혼란하고 두려운 순간에도 찾아옵니다. 또한 '허영의 시장'에서 크리스천과 신실에게 영적 무장을 강조합니다. 이는 하나님께서 절망 중에 있는 자를 결코 홀로 두지 않으시며, 반드시 진리를 통한 하나님의 사람을 통해 우리를 도우신다는 것을 보여 줍니다.

전도자는 누군가의 인생을 변화시키는 하나님의 복음 메신저입니다. 그는 누구도 찾지 않을 때 찾아오고, 누구도 들려주지 않을 때 말씀을 전하는 자입니다. 우리는 모두 인생의 한 시점에서 '복음 전도자'를 만났고, 또 누군가에게 '복음 전도자'로 부름을 받은 자들입니다.

질문과 나눔

◇ 당신은 인생의 여정 가운데 하나님께서 보내 주신 '전도자'의 음성을 어떻게 경험했나요?

◇ 당신은 인생의 순례길에서 누군가에게 복음 전도자의 목소리로 다가가고 있나요?

◇ 당신은 주변의 믿음이 없는 이웃들에게 어떤 도움을 줄 수 있나요?

◇ 당신에게 복음을 들려준 '전도자'와 같은 사람은 누구였는지, 그에게 어떤 영향을 받았는지를 함께 나누어 보세요.

적용과 결단

◇ **하나님의 말씀에 귀 기울이세요.**
나에게 주시는 하나님의 말씀과 권면을 가볍게 여기지 않고, 말씀으로 내 길을 점검하며 말씀에 순종하는 삶을 살겠습니다.

◇ **순례길에서 작은 전도자가 되어 보세요.**
나를 먼저 찾아오신 '전도자'의 은혜를 기억하며, 내 주변에서 길을 잃고 방황하는 사람에게 복음을 전하는 작은 전도자의 역할을 감당하겠습니다.

◇ **낙심한 이웃을 말씀으로 붙잡는 위로자가 되어 보세요.**
힘들어하고 방황하는 이웃을 하나님의 말씀으로 붙들어, 다시 진리의 길로 돌아올 수 있도록 성령 안에서 돕겠습니다.

기도

하나님 아버지, 저의 인생길에서 전도자를 만나게 해 주셔서 감사합니다. 저 또한 한 명의 전도자가 되어, 때를 얻든지 못 얻든지 복음을 전하기를 원합니다. 빛 되신 예수님을 전하는 삶을 살아갈 수 있도록 도와주시옵소서. 우리의 참 빛 되신 예수님의 이름으로 기도합니다. 아멘.

3. 고집과 변덕

복음 앞에 드러나는 두 가지 심령

그러므로 우리는 들은 것에 더욱 유념함으로
우리가 흘러 떠내려가지 않도록 함이 마땅하니라_히 2:1

《천로역정》 이야기

크리스천이 멸망의 도시를 떠나 좁은 문으로 향할 때, 그의 이웃 두 명이 크리스천을 멸망의 도시에서 떠나지 못하게 하려고 따라 나옵니다. 그들의 이름은 '고집'(Obstinate)과 '변덕'(Pliable)입니다.

고집은 처음부터 크리스천을 조롱하며 그의 결정을 미련한 것으로 여기고 크리스천을 설득합니다. 그러나 크리스천의 의지가 강하자, 결국 고집은 자신이 옳다고 여기며 멸망의 도시로 되돌아갑니다.

변덕은 처음에는 고집과 함께 크리스천의 순례길을 막아섰지만, 크리스천이 천성을 향한 순례를 제안하자 그와 함께 길을 나섭니다. 그러나 곧 절망의 늪에 빠지는 어려움을 당하자 화를 내며 그 또한 다시 멸망의 도시로 돌아갑니다.

이 두 인물은 복음이 전해질 때 마음의 상태에 따라 사람이 얼마나 다르게 반응할 수 있는지를 상징적으로 보여 줍니다.

《천로역정》 해설

'고집'은 자신의 삶과 가치관에 절대적 확신을 가진 자로, 회개와 믿음의 초청을 거부하는 완강한 태도를 나타냅니다. 그는 하나님의 말씀을 조롱하며 세상의 안전과 편안함을 진리보다 우선시합니다. 그는 "저런 정신 나간 사람들을 따라갈 수 없지"라고 말하며 끝까지 자기 길을 고집합니다. 복음은 모두에게 전해지지만, 완고한 마음은 그 진리를 받아들이지 못합니다.

‘변덕’은 복음을 쉽게 받아들이지만 뿌리내리지 못한 자입니다. 변덕은 그 이름처럼 자신의 신념을 수시로 바꿉니다. 그는 복음의 약속에 감동하여 크리스천과 함께 여정을 떠납니다. 그러나 작은 시련이 닥치자, 그는 진리보다 자신의 감정과 경험을 우선시하며 다시 돌아갑니다.

참 믿음은 환경과 상황을 초월합니다. 고집과 변덕은 모두 하나님의 초청 앞에서 거절하고 실패한 사람들입니다. 한 사람은 복음을 거절한 완고함을, 다른 한 사람은 고난 앞에 물러선 감정적 신앙을 보여 줍니다. 이들과 대비되는 인물은 바로 끝까지 견디는 크리스천입니다. 하나님은 우리에게 감정이 아닌 결단과 지속적인 순종을 요구하십니다.

질문과 나눔

◇ 당신은 하나님의 말씀 앞에서 때로 ‘고집’처럼 완강히 거부해 본 적은 없나요?

◇ 당신은 ‘변덕’처럼 감정과 상황에 따라 흔들리는 신앙이 아닌, 시련 속에서도 흔들림 없는 굳건한 믿음을 갖고 있나요?

◇ 당신은 크리스천과 같이 참 믿음의 길을 가기 위해 주님께 어떤 결단과 순종을 드릴 수 있나요?

◇ 말씀 앞에서 '고집'처럼 완강히 거절하거나 '변덕'처럼 쉽게 흔들리지 않기 위해, 우리에게 어떤 영적 태도와 실천이 필요한지 함께 나누어 보세요.

적용과 결단

◇ **말씀대로 순종하는 삶을 살아가세요.**
하나님의 말씀 앞에 내 생각과 고집을 내려놓고, 말씀대로 순종하는 훈련을 하겠습니다.

◇ **감정이 아닌 진리 위에 믿음의 뿌리를 내려 보세요.**
나의 감정이나 기분에 따른 믿음이 아니라, 꾸준한 말씀 묵상과 기도로 믿음의 순례를 하겠습니다.

◇ **순간순간 성령님을 의지하세요.**
날마다 성령의 도우심을 의지하여, 천성을 향해 나아가는 순례자가 되겠습니다.

기도

하나님 아버지, 인생의 순례길에서 하나님께서 주신 진리의 말씀을 소홀히 여기지 않고, 더욱 유념하여 주님의 가르침을 마음에 새기게 하옵소서. 하나님의 말씀에 힘입어 오늘 하루의 길을 넉넉히 걸어가게 하옵소서. 참 진리이신 예수님의 이름으로 기도합니다. 아멘.

4. 절망의 늪과 도움

절망에서 건져 주시는 보혜사 성령

나를 기가 막힐 웅덩이와 수렁에서 끌어올리시고
내 발을 반석 위에 두사 내 걸음을 견고하게 하셨도다_시 40:2

《천로역정》 이야기

변덕과 함께 좁은 문을 향해 가던 크리스천은 곧 몹시 질척거리는 진흙 늪에 빠지고 맙니다. 변덕은 크리스천에게 이곳이 어떤 곳인지 묻지만, 크리스천은 답하지 못합니다. 이에 변덕은 화를 내며 멸망의 도시 쪽으로 기어 나와 집으로 돌아갑니다. 그곳은 바로 '절망의 늪'(Slough of Despond)입니다.

크리스천은 죄의 무게로 인해 점점 더 깊은 늪으로 가라앉고 있었습니다. 그때 한 인물이 등장하는데, 그는 바로 '도움'(Help)입니다. 그는 크리스천에게 손을 내밀어 그를 늪에서 건져 올립니다.

이 장면은 신앙 여정의 초입에서 낙심과 영적 무기력을 경험할 수 있다는 사실을 깨우쳐 줍니다. 그리고 그 순간에도 베풀어지는 하나님의 은혜와 보혜사 성령님을 통한 공동체의 도움이 있음을 보여 줍니다.

《천로역정》 해설

'절망의 늪'은 죄책감, 자기 정죄, 수치심 그리고 스스로 무가치하다고 느끼는 감정으로 인한 영적 낙심의 상태를 상징합니다. 많은 사람이 복음의 소식을 듣고도 자신의 죄를 너무 커다란 짐으로 여겨 그 자리에 주저앉아 버립니다. 이때 '도움'은 보혜사 성령님의 도우심을 상징합니다.

절망의 늪은 순례자라면 누구나 한 번쯤 반드시 지나가야 할 길목이며, 이곳에서 구출되는 경험은 은혜에 대한 깊은 체험이 됩니다. 순례자는 등에 진 죄의 짐으로 인해 스스로 절망의 늪을 빠져 나올 수 없습니다. 하나님은 보혜사 성령님을 보내어 절망의 구덩이에서 우리를 건지십니다.

영적 공동체는 성령 안에서 서로를 절망에서 건져 주는 은혜의 통로가 되어야 합니다. 인생의 순례 여정 속에서 절망은 누구에게나 찾아옵니다. 그러나 하나님의 자녀는 절망 속에 머무르지 않습니다. 하나님은 언제나 우리에게 도움을 보내십니다.

보혜사 성령님의 은혜 가운데 우리는 믿음의 공동체 안에서 서로에게 '도움'이 되어야 합니다. 누군가의 낙심을 건져 올리는 동역자가 되어야 합니다. 당신이 그 늪에서 도움을 받았다면, 이제는 다른 이를 도와줄 차례입니다.

질문과 나눔

◇ 당신은 죄책감과 자기 정죄 속에서 하나님의 은혜보다 자신의 감정에 더 사로잡혀 있지는 않나요?

◇ 당신의 삶에서 하나님께서 보내 주신 '도움'과 같은 은혜의 손길을 경험한 적이 있나요? 그 은혜를 지금도 기억하고 감사하며 살고 있나요?

◇ 당신은 절망의 늪에 빠진 이웃을 발견했을 때, 무관심하게 지나치지 않고 '도움'처럼 손을 내밀 준비가 되어 있나요?

◇ 신앙의 여정에서 낙심이나 무기력을 경험했던 적이 있다면, 그때 하나님의 은혜와 공동체의 도움을 어떻게 경험했는지 함께 나누어 보세요.

적용과 결단

◇ 절망의 순간에 스스로를 정죄하지 말고 성령님의 도우심을 구하세요.
죄책감과 무가치감에 빠질 때, 내 힘으로 빠져나오려 애쓰기보다 보혜사 성령님의 은혜를 더욱 의지하겠습니다.

◇ 믿음의 공동체 안에서 도움 주기를 실천해 보세요.
내게 은혜를 베푸신 하나님을 기억하며, 다른 이들을 건져 주는 '도움'의 역할을 기쁨으로 감당하겠습니다.

◇ 절망의 경험을 은혜의 간증으로 바꿔 보세요.
하나님의 도우심을 삶 속에서 나누며, 다른 사람을 세워 주는 은혜의 통로로 살아가겠습니다.

기도

하나님 아버지, 저를 어두운 수렁에서 건져 주시고 저의 발을 반석 위에 세우신 주님의 은혜에 감사드립니다. 오늘 하루도 제 발걸음을 주님 안에서 견고히 하시고, 주님의 길을 따라 걷게 하옵소서. 우리의 참 도움이 되시는 예수님의 이름으로 기도합니다. 아멘.

5. 세속 현자

믿음의 길을 가로막는 합리주의의 유혹

그러므로 율법의 행위로 그의 앞에 의롭다 하심을 얻을 육체가 없나니
율법으로는 죄를 깨달음이니라 _롬 3:20

《천로역정》 이야기

크리스천이 절망의 늪에서 나와 좁은 문을 향해 걸어갈 때, 그는 '세속 현자'(Mr. Worldly Wiseman)를 만나게 됩니다. 그의 외모는 지혜롭고 경험이 풍부해 보이지만, 실상은 영적 무지로 가득한 자입니다. 그는 크리스천에게 죄의 짐을 해결하기 위해 좁은 문으로 가는 대신, '도덕'(Morality)이라는 마을에 살고 있는 '율법'(Legality) 선생을 만나 볼 것을 강력하게 제안합니다.

크리스천은 세속 현자의 말을 듣고, 좁은 문을 향하던 걸음을 멈추고 도덕 마을을 향해 나아갑니다. 그러나 도덕 마을에 가까이 갈수록 길은 험해지고, 죄의 짐은 더욱 무겁게 느껴집니다. 도덕 마을로 향하는 산에서는 불꽃이 번쩍거렸고, 이를 본 크리스천은 그 불길에 휩싸여 타 죽을까 봐 크게 두려워합니다. 그때 다행히도 크리스천 앞에 전도자가 다시 나타납니다. 전도자는 크리스천에게 율법으로는 죄를 해결할 수 없음을 말씀으로 일깨우며, 좁은 문으로 향하는 길에서 다시는 곁길로 빠지지 말 것을 교훈합니다.

《천로역정》 해설

'세속 현자'는 이 세상의 인간적인 지혜를 따르는 사상과 태도를 상징합니다. 그는 율법주의, 도덕주의, 인본주의, 합리주의의 대표로서, 십자가를 통과하지 않고 구원에 이르려는 잘못된 신앙의 접근을 보여 줍니다. 그가 안내한 길의 높은 언덕은 율법의 산, 곧 시내산입니다.

도덕 마을에 가까이 갈수록 두렵고 불안해지는 것은, 죄가 드러날 때 생기는 죄책감 때문입니다. 율법은 인간을 정죄하고 무력하게 만듭니다. 인간의 노력이나 도덕적 행위로는 결코 구원에 이를 수 없습니다. 복음은 세상의 지혜와 충돌하며, 단순한 믿음을 요구합니다. 외형적인 경건함은 참된 복음의 진리를 대체할 수 없습니다.

세속 현자는 오늘도 "좀 더 쉬운 길이 있으니 덜 부담스러운 길로 가라"고 우리 귀에 속삭입니다. 그러나 진정한 생명의 길은 좁고 협착합니다. 율법과 도덕은 우리를 구원하지 못하며, 오직 예수 그리스도의 십자가와 부활만이 우리의 참 소망입니다.

질문과 나눔

◇ 당신은 신앙의 여정에서 십자가 대신 더 쉬워 보이는 길을 선택하려 한 적이 있나요?

◇ 당신의 마음속에 자리 잡은 율법주의적·도덕주의적 태도는 없나요?

◇ 당신은 인생의 순례 여정에서 세속의 지혜가 아닌 하나님의 말씀의 진리를 확실히 붙들고 있나요?

◇ 인생의 순례길에서 믿음의 길을 벗어나게 하는 세상의 지혜나 유혹을 이겨 낸 경험이 있다면 함께 나누어 보세요.

적용과 결단

◇ 구원의 근거를 확실하게 고백하세요.
나의 구원의 근거는 오직 예수 그리스도의 십자가의 죽으심과 부활하심임을 고백합니다.

◇ 쉬운 길의 유혹을 분별하세요.
신앙생활에서 세속적 지혜의 속삭임을 분별하며, 좁은 길이라 할지라도 주님께서 인도하시는 길을 따르겠습니다.

◇ 겉모습이 아닌 내적 진리를 추구하세요.
날마다 말씀과 기도를 통해 마음 깊은 곳에서 복음의 능력을 체험하며 살아가겠습니다.

기도

하나님 아버지, 저의 행위와 노력으로는 결코 의롭게 될 수 없음을 고백합니다. 오직 예수 그리스도를 믿는 믿음으로 의롭다 하신 은혜에 감사드립니다. 세상의 지혜가 아닌 오직 하나님의 지혜를 붙들게 하시고, 오늘도 주님 안에서 자유와 평안을 누리며 살게 하옵소서. 지혜의 근원이신 예수님의 이름으로 기도합니다. 아멘.

6. 좁은 문과 선의

은혜로 열리는 구원의 문

좁은 문으로 들어가라 멸망으로 인도하는 문은 크고 그 길이 넓어
그리로 들어가는 자가 많고_마 7:13

《천로역정》 이야기

크리스천은 절망의 늪을 지나 마침내 '좁은 문'(Wicket Gate) 앞에 도달합니다. 좁은 문은 닫혀 있었고, 문 위에는 "두드리는 이에게 열릴 것이니"(마 7:7)라고 적혀 있었습니다. 이를 본 크리스천은 믿음으로 문을 두드립니다.

그때 한 인물이 문을 열어 줍니다. 그는 바로 '선의'(Goodwill)입니다. 선의는 크리스천이 문을 두드릴 때 곧바로 문을 열고 그를 반갑게 맞이합니다. 그는 바알세불의 부하들이 쏘는 화살에 맞지 않도록 크리스천을 급히 문 안으로 끌어들입니다. 선의는 크리스천에게 해석자의 집과 죄의 짐을 벗는 곳, 십자가 언덕으로 가는 길을 친절히 안내해 줍니다.

《천로역정》 해설

'좁은 문'은 복음서에서 예수님이 언급하신 '좁은 길'과 '좁은 문'을 직접적으로 상징합니다. 이 문은 자기 부인과 회개의 결단이 필요하며, 오직 예수 그리스도를 통해서만 들어갈 수 있는 구원의 문입니다. 이 문은 닫혀 있지만, 믿음으로 두드릴 때 열립니다.

'선의'는 이 좁은 문을 지키지만, 믿음으로 두드리는 자들에게 문을 막거나 판단하지 않고 기꺼이 열어 줍니다. 그는 예수님의 자비롭고 친절한 성품을 보여 주며, 좁은 문으로 들어오는 모든 순례자를 따뜻하게 맞이합니다. 또한 그는 순례자에게 "얼른 들어오라"고 말하며 바알세불의 화살이 쏟아지는 문밖의 위험을 경고하고, 문

안으로 들어온 순례자에게 해석자의 집을 친절히 안내해 줍니다.

좁은 문은 단지 상징이 아니라, 구원의 유일한 통로이신 예수 그리스도입니다. 그 문은 스스로 열 수 없고, 선의처럼 자비와 사랑으로 우리를 먼저 맞이해 주시는 분이 필요합니다. 우리는 그 앞에서 멈추거나 망설이지 말고 두드려야 합니다. 그 문은 열린 문이며, 회심의 진실한 발걸음이 요구되는 자리입니다. 우리가 그 문을 지나왔다면, 이제는 누군가를 그 문으로 인도하는 자가 되어야 합니다.

질문과 나눔

◇ 당신은 구원의 좁은 문을 지났음에도 여전히 세상의 넓은 길을 더 편안하게 여기고 있지는 않나요?

◇ 당신은 인생 여정에서 하나님의 말씀에 의지하여 구하고, 찾고, 두드리는(마 7:7) 믿음의 순례자로 살아가고 있나요?

◇ 당신은 인생 여정에서 지금 당신 곁의 누군가를 그 문으로 인도하는 통로가 되고 있나요?

◇ 교회 공동체에서 당신을 환대해 주는 '선의'와 같은 사람은 누구인지 함께 나누어 보세요.

적용과 결단

◇ 신앙의 출발점을 기억해 보세요.

좁은 문을 통과한 신앙의 출발점을 늘 기억하며, 오늘도 나와 함께
하시는 예수님을 의지하며 인생의 순례길을 걸어가겠습니다.

◇ 주변 사람들을 존중하고 환대해 보세요.

사람을 판단하거나 배척하지 않고, '선의'처럼 자비롭고 따뜻한 마음
으로 다가가겠습니다.

◇ 복음의 안내자가 되어 보세요.

좁은 문 입구에서 방황하는 이들을 위해 기도하며 복음의 길로
안내하는 순례자의 사명을 감당하겠습니다.

기도

하나님 아버지, 좁은 문이신 예수님을 통해 구원의 길을 걷게 하시니
감사합니다. 세상의 화려함과 크고 넓은 길을 선택하기보다, 좁고 험
한 길이라 할지라도 주님의 뜻에 맞는 길을 걸어가는 삶이 되게 하옵
소서. 구원의 문이며 참된 길이 되시는 예수님의 이름으로 기도합니
다. 아멘.

7. 해석자의 집

천성을 향한 순례길에 필요한 영적 지혜를 배우는 공간

보혜사 곧 아버지께서 내 이름으로 보내실 성령 그가 너희에게
모든 것을 가르치고 내가 너희에게 말한 모든 것을 생각나게 하리라_요 14:26

《천로역정》 이야기

좁은 문을 지나 복음의 문 안으로 들어온 크리스천은 이제 본격적인 순례의 여정을 시작하기에 앞서 '해석자의 집'(House of Interpreter)에 들어가게 됩니다. 이곳은 영적 진리를 비유와 상징을 통해 가르치는 장소로, 일종의 제자 훈련소이자 성령의 학교, 영적 통찰의 집이라 할 수 있습니다. 해석자는 크리스천에게 여러 개의 방을 보여 주며, 순례자들이 반드시 기억해야 할 영적 교훈들을 그림과 장면, 사건을 통해 체험하게 합니다.

《천로역정》 해설

'해석자의 집'은 하나님의 말씀과 성령의 조명, 교회 공동체, 묵상의 훈련을 상징합니다. 이 집은 복음을 받아들인 이후 더 깊은 진리를 깨닫고, 그것을 순례자의 삶에 실제로 적용하도록 돕는 영적 훈련소입니다. 또한 천성을 향해 가는 길에 꼭 필요한 영적 레슨을 경험하는 곳입니다.

해석자의 집에는 영적 레슨을 경험하는 여러 개의 방이 있습니다. '목자의 그림', '비질하는 하인과 물을 붓는 여종', '정욕과 인내의 방', '꺼지지 않는 벽난로의 불', '철창 속에 갇힌 타락자' 등 여러 장면을 통해 크리스천은 복음과 신앙의 실체를 체험적으로 배우게 됩니다. 참된 제자는 단순한 지식을 쌓는 데서 머물지 않고, 상징과 계시를 통해 진리를 내면화합니다.

해석자의 집은 말씀과 묵상을 통해 삶을 해석하고 다시 정렬하는 공간으로, 이 시대 교회의 역할을 드러냅니다. 이곳은 단순한 정차 지점이 아닙니다. 진리를 삶으로 살아 내기 위한 훈련장이며, 우리의 내면이 정화되고 말씀 안에서 성령의 조명을 받는 공간입니다. 그리스도인은 성령의 해석 없이는 쉽게 방향을 잃습니다. 말씀을 읽고 기도하고 묵상할 때마다 우리는 인생의 순례길에서 해석자의 집으로 초대받고 있습니다. 그리고 우리가 섬기는 교회가 바로 해석자의 집입니다. 그 집에서 만나는 주님의 레슨은 천성을 향해 가는 우리의 걸음을 바르게 인도합니다.

질문과 나눔

◇ 당신은 말씀과 성령의 조명을 통해 삶을 해석하고 다시 정렬하는 시간을 갖고 있나요?

◇ 당신에게 교회 공동체는 해석자의 집처럼 진리를 삶에 적용하도록 돕는 영적 훈련장인가요?

◇ 당신은 인생의 순례길에서 성령의 인도하심 없이는 쉽게 방향을 잃는 존재임을 인정하며, 날마다 주님 앞에 묵상으로 나아가고 있나요?

◇ 교회 공동체에서 말씀과 성경 공부를 통해 깨닫고 배운 영적 교훈을 함께 나누어 보세요.

적용과 결단

◇ 묵상의 훈련을 생활화 하세요.
  말씀을 단순히 읽는 데서 멈추지 않고, 매일 묵상과 기도를 통해 삶을 해석하고 정렬하는 습관을 세우겠습니다.

◇ 섬기는 교회가 해석자의 집임을 상기하세요.
  교회를 단순한 모임이 아니라 영적 훈련소로 인식하며, 예배와 말씀 훈련에 성실히 참여하겠습니다.

◇ 성령님의 도움을 구하세요.
  말씀을 읽을 때마다 성령님의 해석과 조명을 간구하며, 삶을 변화시키는 진리로 받아들이겠습니다.

기도

하나님 아버지, 오늘도 성령의 조명하심을 통해 말씀을 깨닫게 하시고 말씀대로 살아가게 하옵소서. 섬기는 교회의 예배와 말씀 훈련을 통해 더욱 진리 가운데 거하며, 오직 주님의 길을 따르는 삶이 되게 하옵소서. 진리 되신 예수님의 이름으로 기도합니다. 아멘.

8. 목자의 그림

참된 영적 지도자의 초상

나는 선한 목자라 선한 목자는 양들을 위하여
목숨을 버리거니와 _요 10:11

《천로역정》 이야기

해석자는 크리스천을 첫 번째 방으로 안내합니다. 그곳에는 한 사람의 초상화가 걸려 있습니다. 초상화 속 인물은 두 눈으로 하늘을 바라보고, 손에는 가장 귀한 책인 성경을 들고 있으며, 입술은 진리를 말하고, 머리에는 금 면류관을 쓰고 사람들을 권면하는 모습입니다. 그는 다른 사람을 위해 살아가는 모습으로 그려져 있습니다. 해석자는 크리스천에게 이 인물을 가리켜, "이분은 당신의 순례길에 유일한 인도자이며, 도중에 겪게 될 온갖 어려움 속에서 이끌어 주실 분"이라고 소개합니다.

《천로역정》 해설

'목자의 그림'에서 '하늘을 향한 눈'은 영원한 것을 바라보는 시선을 의미합니다. 참된 목자는 세상의 가치나 인정이 아니라 하나님과 그분의 나라를 바라보는 자입니다. 그의 시선은 눈에 보이는 것이 아니라, 보이지 않는 영원한 실재에 고정되어 있습니다.

'손에 든 성경'은 그가 진리의 말씀을 가르치는 자임을 보여 줍니다. 참된 목자의 손에는 언제나 하나님의 말씀이 들려 있습니다. 이는 그가 자신의 생각이 아니라 성경의 진리로 사람을 인도하는 자임을 의미합니다.

목자의 '입'은 진리를 선포하며 사람의 양심을 흔들고, 죄에서 돌이키게 합니다. 그는 말로만 가르치는 자가 아니라, 사랑으로 권면하며 인도하는 자입니다. 머리에 쓴 '금 면류관'은 하나님의 상급과 보상을 받을 자로서, 하늘의 사명을 따라 살아가는 영적 지도자의 이상적인 모습을 나타냅니다.

이 목자의 그림은 우리가 천성을 향한 여정에서 만나게 되는 좋은 목자의 모습입니다. 《천로역정》의 저자 존 버니언에게도 존 기포드(John Gifford) 목사는 이러한 좋은 목자의 모델이었습니다. 그리고 궁극적으로 이 그림은 천성을 향한 여정 가운데 우리의 대목자이신 예수님의 인도를 받아야 함을 보여 줍니다.

아울러 이 목자의 모습은 단지 목회자나 사역자만을 위한 이상적인 그림이 아닙니다. 모든 순례자는 누군가를 이끄는 지도자의 책임과 영적 영향력을 지닌 존재입니다. 우리는 모두 누군가의 신앙 여정에 영향을 끼치며 살고 있으며, 진리와 겸손, 사랑과 자기희생의 정신으로 살아갈 때 이 세상 가운데 하나님 나라의 좋은 목자로 서게 됩니다.

질문과 나눔

◇ 당신을 영적으로 잘 인도해 준 인생의 좋은 목자가 누구인지 생각해 보세요.

◇ 당신은 주변 사람들에게 하나님의 말씀으로 선한 영향력을 끼치고 있나요?

◇ 당신의 삶은 누군가에게 참 목자의 그림처럼 신앙의 본이 되고 있나요?

◇ 순례의 여정에서 당신에게 영적으로 도움을 주었던 좋은 목자에 대하여
함께 나누어 보세요.

적용과 결단

◇ 영적 지도자에게 감사를 표현해 보세요.
내 인생에 좋은 목자가 되어 준 영적 지도자, 목회자, 공동체 리더,
영적 부모님에게 감사의 마음을 표현하겠습니다.

◇ 말씀을 더욱 가까이하세요.
내 삶의 말과 행동이 말씀에서 흘러나오도록 성경을 꾸준히 읽고 묵
상하며, 그 말씀으로 가정과 내가 속한 공동체를 세우겠습니다.

◇ 순례길에서 작은 목자가 되어 보세요.
나 또한 누군가의 신앙 여정에 영향을 끼치는 지도자임을 기억하며,
진리와 겸손과 사랑으로 인생의 순례길을 걸어가겠습니다.

기도

하나님 아버지, 우리를 위하여 목숨도 아끼지 않은 선한 목자 되신 예
수님의 사랑을 기억합니다. 그 사랑을 붙잡고 오늘 하루의 길도 넉넉
히 걸어가게 하옵소서. 선한 목자이신 주님의 본을 따라, 저도 작은 목
자로서 선한 영향력을 전하는 삶이 되게 하옵소서. 참 목자이신 예수
님의 이름으로 기도합니다. 아멘.

9. 비질하는 하인과 물을 붓는 여종

율법의 무능과 복음의 능력

그가 빛 가운데 계신 것같이 우리도 빛 가운데 행하면
우리가 서로 사귐이 있고 그 아들 예수의 피가 우리를 모든 죄에서
깨끗하게 하실 것이요_요일 1:7

《천로역정》 이야기

해석자는 크리스천을 매우 넓은 응접실로 데려갑니다. 그곳은 오랫동안 청소되지 않아 온통 먼지로 가득 차 있었습니다. 한 하인이 들어와 빗자루로 바닥의 먼지를 쓸기 시작하자, 응접실 안에는 먼지가 휘날려 숨 쉬기조차 어려워졌습니다. 그 후 다른 여종이 들어와 바닥에 물을 뿌리자, 먼지는 가라앉고 응접실은 비로소 깨끗해졌습니다.

《천로역정》 해설

먼지로 가득한 응접실은 죄로 오염된 인간의 내면 상태를 의미합니다. 이는 인간의 원죄와 알면서 짓는 죄 그리고 부지불식중에 짓는 죄를 가리킵니다. 겉보기에는 멀쩡해 보일지라도, 말씀 앞에서 정직하게 조명될 때 우리의 심령은 죄로 인해 먼지처럼 더럽고 혼탁한 상태임이 드러납니다.

하인의 비질은 율법의 역할을 상징합니다. 율법은 인간의 죄를 드러내고 폭로하지만, 그 죄를 실제로 제거하거나 정화할 능력은 없습니다. 오히려 더 큰 혼란과 자책, 혹은 절망을 불러올 수도 있습니다.

여종이 뿌린 물은 복음과 그리스도의 보혈 그리고 성령의 은혜를 상징합니다. 성령의 은혜는 죄를 깨닫게 할 뿐 아니라, 그 죄를 실제로 씻고 회복하게 합니다. 물은 먼지를 가라앉히고 참된 청결을 가져옵니다. 하나님은 우리를 성령으로 거듭나게 하고 새롭게 하여 씻으셨습니다(딛 3:5).

많은 사람이 죄를 드러내는 데에 머물며 스스로를 비질하듯 애써 정결해지려 합니다. 그러나 진정한 변화는 복음의 은혜가 임할 때 이루어집니다.

질문과 나눔

◇ 당신은 날마다 당신의 마음을 하나님의 말씀의 거울로 비추며 살아가고 있나요?

◇ 당신은 여전히 율법적 노력과 자기 의지로 스스로 정결해지려 애쓰고 있지는 않나요?

◇ 당신은 그리스도 예수 안에는 결코 정죄함이 없음을 확신하고 있나요?

◇ 신앙의 여정에서 복음의 은혜를 체험하고, 율법으로 인한 죄책감과 정죄감에서 자유를 누렸던 경험이 있다면 함께 나누어 보세요.

적용과 결단

◇ **날마다 말씀 앞에 정직하게 서세요.**
매일 말씀 앞에 정직하게 서서 나의 죄와 약함을 인정하며, 십자가
보혈의 은혜를 의지하겠습니다.

◇ **율법적 자기 의를 내려놓으세요.**
인생의 순례길에서 율법적 자기 의를 내려놓고, 오직 복음의 능력을
의지하겠습니다.

◇ **성령님의 은혜를 경험하세요.**
내 삶의 진정한 변화는 성령님의 새롭게 하시는 은혜로만 가능하다
는 것을 고백합니다.

기도

하나님 아버지, 예수님의 보혈로 저의 모든 죄를 깨끗하게 해 주셔서
감사합니다. 오늘 하루도 주님의 빛 가운데로 저의 발걸음을 인도하시
고, 저의 생각과 마음이 날마다 예수님을 닮아 가게 하옵소서. 우리를
정결하게 하시는 예수님의 이름으로 기도합니다. 아멘.

10. 정욕과 인내의 방

즉각적 만족과 영원한 보상의 갈림길

너희에게 인내가 필요함은 너희가 하나님의 뜻을 행한 후에
약속하신 것을 받기 위함이라_히 10:36

《천로역정》 이야기

해석자는 크리스천을 두 소년이 각각 앉아 있는 방으로 데려갑니다. 한 소년의 이름은 '정욕'(Passion)이고, 다른 한 소년의 이름은 '인내'(Patience)입니다. 정욕은 불만이 가득한 표정으로 지금 당장 자기 몫을 받기를 원하고, 결국 그것을 받지만 곧 다 써 버리고 실망하게 됩니다. 반면 인내는 선물 자체보다 그 선물을 주시는 아버지를 신뢰하며 기다림을 선택합니다. 결국 인내는 더 풍성하고 영속적인 유업을 받게 됩니다.

《천로역정》 해설

'정욕'은 세상에서의 즉각적인 만족과 보상을 원하며, 기다림과 절제, 인내와 장래의 소망을 이해하지 못하는 가진 자의 모습을 보여 줍니다. 그는 당장의 부와 인기, 성공을 추구하지만, 그 모든 것은 일시적이며 곧 사라지고 마는 허무한 것들입니다. 정욕은 세상의 가치에만 집중하며, 복의 근원이신 하나님을 바라보지도, 인정하지도 않습니다.

반면 '인내'는 당장 얻을 수 있는 것보다 미래의 약속을 신뢰하며 기다리는 자의 모습입니다. 그는 복 자체보다 복의 근원이요, 복을 주실 수 있는 하나님을 신뢰하며, 세상적 가치의 복이 아니라 하나님 나라의 유업과 하늘의 상급, 부활의 소망을 바라보고, 현재를 견디며 살아갑니다.

신앙이란 미래의 약속을 오늘 믿고 살아가는 삶입니다. 정욕은 오늘을 위해 살지만, 인내는 하나님 아버지를 신뢰하고 영원을 사모하며 살아갑니다. 하나님께서는 때로 즉각적인 응답을 주시지만, 때로는 우리에게 기다림과 인내의 시간을 요구하십니다. 인내는 약속을 향한 믿음의 행동이며, 하나님을 신뢰하는 삶의 증거입니다.

질문과 나눔

◇ 당신은 신앙의 여정에서 '정욕'처럼 당장의 만족과 보상만을 좇고 있나요, 아니면 '인내'처럼 미래의 약속을 신뢰하며 기다리고 있나요?

◇ 당신의 기도와 신앙의 태도는 응답의 속도에만 집중하고 있나요, 아니면 응답하시는 하나님을 바라보고 있나요?

◇ 당신은 인내와 기다림의 시간 속에서 낙심하거나 원망하기보다, 영원한 소망과 하늘의 유업을 붙들고 있나요?

◇ 인생의 순례 여정에서 기다림과 인내를 통해 얻게 된 유익을 함께 나누어 보세요.

적용과 결단

◇ 삶에서 당장의 욕심이 생길 때 절제해 보세요.

당장 손에 쥐고 싶은 유익보다 하나님 나라의 가치를 바라보며, 욕심을 내려놓는 훈련을 하겠습니다.

◇ 기다림과 인내를 믿음의 행동으로 실천해 보세요.

하나님께서 약속하신 것을 신뢰하며, 응답이 더디게 느껴지는 순간에도 기도와 말씀 가운데 인내로 서겠습니다.

◇ 믿음의 눈으로 영원한 상급을 바라보세요.

일시적인 성취나 성공만을 추구하지 않고, 부활과 천국의 소망을 항상 마음에 품고 인생의 순례길을 걸어가겠습니다.

기도

하나님 아버지, 제 삶에 약속을 신실하게 이루시는 하나님만을 온전히 신뢰하게 하옵소서. 오늘도 제 마음에 인내를 심어 주시고, 그 인내로 하나님의 뜻을 행하며 약속의 복을 누리는 삶이 되게 하옵소서. 복의 근원이신 예수님의 이름으로 기도합니다. 아멘.

11. 꺼지지 않는 벽난로의 불

끄려 해도 꺼지지 않는 은혜의 불

누가 정죄하리요 죽으실 뿐 아니라 다시 살아나신 이는 그리스도 예수시니
그는 하나님 우편에 계신 자요 우리를 위하여 간구하시는 자시니라_롬 8:34

《천로역정》 이야기

해석자는 크리스천을 벽난로가 타오르고 있는 방으로 데리고 갑니다. 한 사람이 벽난로의 불을 끄기 위해 계속해서 물을 붓지만, 신기하게도 불은 전혀 꺼지지 않습니다. 해석자는 크리스천을 벽 뒤편으로 데려갑니다. 그곳에는 또 다른 사람이 조용히 불에 기름을 붓고 있습니다. 불이 꺼지지 않도록 기름을 붓는 이는 바로 기름 부음을 받은 분, 그리스도 예수님이십니다.

《천로역정》 해설

이 '불'은 천성을 향해 가는 순례자 안에서 타오르는 하나님의 은혜와 성령의 역사를 상징합니다. 순례자의 내면에서 타오르는 하나님의 은혜, 회개, 믿음, 성령의 불을 의미합니다. 하나님은 한 번 불붙인 심령을 결코 포기하지 않으시며, 외부의 방해와 시련 가운데서도 성도의 믿음을 지키고 유지하십니다.

불을 끄기 위해 물을 붓는 자의 모습은 순례자의 믿음을 꺾고자 하는 마귀의 계략을 보여 줍니다. 이는 세상적 압력과 육체의 정욕, 박해와 조롱, 시험 등을 의미합니다. 이러한 외적인 시도들은 때때로 순례자를 낙심하게 만들 수 있지만, 은혜의 불은 꺼지지 않고 여전히 살아 있습니다.

불이 꺼지지 않는 이유는 벽 뒤에서 기름을 붓는 누군가가 있기 때문입니다. 해석자는 그 기름을 붓는 이가 기름 부음을 받은 그리스도 예수님이심을 설명합니다. 예수님은 우리가 보지 못하는 곳에서 끊임없이 은혜를 공급하며, 믿음의 불이 꺼지지 않도록 돌보는 위대한 중보자이십니다.

이 장면은 우리의 신앙이 겉으로는 흔들리는 것처럼 보일지라도, 그 내면은 여전히 하나님의 손안에 있음을 확신하게 합니다. 은혜의 불이 꺼지지 않는 이유는 예수 그리스도의 신실하신 중보와 은혜 때문입니다. 세상은 끊임없이 여러 모습으로 은혜의 불을 끄려 하지만, 주님은 은밀하게, 그러나 끊임없이 기름을 부으며 우리의 신앙을 지키십니다. 그렇습니다. 우리의 은혜의 불은 꺼지지 않습니다. 주님께서 지금도 우리 안에 은혜의 기름을 붓고 계시기 때문입니다.

질문과 나눔

◇ 당신의 마음에 타오르는 은혜의 불을 끄려는 세상의 시험과 유혹은 어떤 모습으로 다가오고 있나요? 당신은 그것 앞에서 어떻게 반응하고 있나요?

◇ 당신은 예수님께서 날마다 은혜의 기름을 부어 주신다는 사실을 신뢰하며 살아가고 있나요?

◇ 당신은 믿음이 흔들릴 때마다 그리스도 예수님의 중보와 은혜를 붙들고 다시 일어서고 있나요?

◇ 세상의 시험과 유혹으로 마음속 은혜의 불이 꺼져 갈 때, 예수님께서 어떻게 은혜의 불이 꺼지지 않도록 지켜 주셨는지 함께 나누어 보세요.

적용과 결단

◇ **환난과 시험 속에서도 예수님의 은혜를 신뢰하세요.**
삶에 어려움과 방해가 찾아와도 믿음의 불은 절대로 꺼지지 않는다는 사실을 기억하며, 매 순간 예수님의 은혜를 의지하겠습니다.

◇ **기도로 성령 충만을 누리세요.**
나를 위해 은혜의 기름을 부으시는 예수님께 감사하며, 날마다 기도 가운데 성령의 충만함을 사모하겠습니다.

◇ **이웃에게 중보자가 되어 주세요.**
믿음이 흔들리고 힘겨워하는 이웃을 위해, 그들의 마음에 은혜의 불이 꺼지지 않도록 중보 기도하겠습니다.

기도

하나님 아버지, 오늘도 저를 정죄할 자가 없음을 믿습니다. 저를 위해 죽고 부활하신 예수님께서 지금도 하나님의 우편에서 저를 위해 중보하고 계심에 감사드립니다. 그 확신 안에서 두려움 없는 믿음의 삶을 누리게 하옵소서. 중보자 되시는 예수님의 이름으로 기도합니다. 아멘.

12. 철창 속에 갇힌 타락자

다시 돌아올 수 없는 배교자의 절망

그러므로 나의 사랑하는 자들아 너희가 나 있을 때뿐 아니라
더욱 지금 나 없을 때에도 항상 복종하여 두렵고 떨림으로
너희 구원을 이루라_빌 2:12

《천로역정》이야기

해석자는 크리스천을 어두운 방으로 데리고 갑니다. 그 안에는 한 남자가 '철창' 안에 갇혀 고개를 숙이고 앉아 있습니다. 그는 철창 속에 갇힌 배교자요, 타락자입니다. 그도 한때는 하나님을 따르려 했고 은혜를 경험한 줄 알았지만, 세상을 더 사랑하고 죄를 고집하며 회개를 미루다가 결국 하나님의 은혜를 놓쳤습니다. 철창 속의 배교자는 마음이 굳어지고 강팍해져서 회개할 수도 없는 절망 가운데 갇혀 있습니다. 그는 철창 속에 갇힌 채 심판을 기다릴 뿐입니다. 크리스천은 이 장면 앞에서 늘 근신하고 깨어 있기를 기도합니다.

《천로역정》해설

'철창'은 단순한 물리적 감금이 아니라, 마음이 굳어져 더 이상 하나님께 돌아갈 수 없는 상태를 의미합니다. 하나님은 여전히 은혜를 베푸시지만, 철창 속의 배교자는 더 이상 그 은혜를 받아들일 수 없는 영적 마비 상태에 있는 것입니다. 철창 속의 배교자는 복음을 알았으나 끝내 저버린 자입니다. 이 남자는 한때 복음을 들었고, 은혜를 받았다고 느꼈으며, 신앙생활을 했던 사람입니다. 그러나 점차 죄를 사랑하고 세상을 추구하며 회개를 미루는 삶을 살다가 결국 마음이 굳어져 은혜에 반응할 수 없게 된 자입니다.

크리스천은 철창 속의 배교자의 이야기를 듣고 두렵고 떨리는 마음으로 천국을 향한 소망을 더욱 굳게 품게 됩니다. 이 장면은 매우 무겁고 심각하지만, 동시에 하나님께 돌아갈 수 있는 지금 이 순간이 얼마나 귀한지를 일깨워 줍니다. 회개의 문이 닫힌 후에는 깨달아도 소용이 없습니다. 그 누구도 자신이 내일도 회개할 수 있는 마음을 가질 것이라고 장담할 수 없습니다. 철창 속의 사람은 '과거의 나'일 수도 있고, '미래의 나'일 수도 있습니다. 우리도 크리스천처럼 철창 속의 타락자를 보며 순례의 길에서 날마다 영적 경각심을 가지고 두렵고 떨림으로 구원을 이루어 가야 합니다.

질문과 나눔

◇ 당신은 혹시 복음을 알고도 죄와 세상의 즐거움을 더 사랑하며 회개를 미루고 있지는 않나요?

◇ 당신의 마음이 점점 굳어져 하나님의 은혜에 무감각해지는 영적 마비의 조짐은 없나요?

◇ 당신은 두렵고 떨림으로 구원을 이루는 삶을 살아가고 있나요?

◇ 믿음의 순례를 끝까지 완주하기 위해 구체적으로 실천하고 지속해야 할 삶의 작은 경건 훈련은 무엇인지 함께 나누어 보세요.

적용과 결단

◇ 회개를 미루지 마세요.
나의 죄를 깨닫는 즉시 주님 앞에 고백하며 회개하는 삶을 살겠습니다.

◇ 마음을 지키세요.
매일 말씀과 기도로 마음이 굳어지지 않도록 영적인 점검을 하며, 더욱 마음을 지키겠습니다.

◇ 구원의 길을 겸손함으로 걸으세요.
나의 힘이 아닌 주님의 은혜를 붙들며 겸손히 순례자의 길을 걸어가겠습니다.

기도

하나님 아버지, 저를 사랑하고 구원의 은혜를 주셔서 감사합니다. 날마다 제 힘이 아닌 성령의 도우심으로 구원받은 자의 삶을 살아가게 하옵소서. 오늘도 겸손히 주님만을 의지합니다. 우리의 구원자이신 예수님의 이름으로 기도합니다. 아멘.

13. 십자가의 언덕

죄의 짐이 벗겨지는 은혜의 자리

친히 나무에 달려 그 몸으로 우리 죄를 담당하셨으니
이는 우리로 죄에 대하여 죽고 의에 대하여 살게 하려 하심이라
그가 채찍에 맞음으로 너희는 나음을 얻었나니_벧전 2:24

《천로역정》 이야기

크리스천은 해석자의 집을 떠나 신앙 여정의 중심이 되는 장소인 '십자가의 언덕'에 도달합니다. 그는 무거운 짐을 지고 '구원'(Salvation)이라는 담이 양쪽으로 서 있는 십자가 언덕을 힘겹게 오릅니다. 그러다 언덕 꼭대기에 세워진 십자가를 바라보는 순간, 그의 등에 있던 무거운 죄의 짐이 저절로 풀려 무덤으로 굴러가고 다시는 돌아오지 않습니다. 그는 죄에서 자유를 얻은 것입니다. 할렐루야!

이 장면은 예수 그리스도의 십자가를 통한 속죄의 사건, 곧 구속의 중심 진리를 상징하며, 그리스도인의 삶에서 죄 사함과 자유가 시작되는 새 생명을 얻는 순간을 보여 줍니다.

《천로역정》 해설

'십자가의 언덕'은 단순한 사건이 아니라 모든 신앙의 중심이자 핵심 진리입니다. 그 언덕은 우리를 위한 속죄와 하나님의 자비를 경험하는 장소입니다. 죄와 죽음을 이긴 승리의 자리이며, 어둠의 자녀에서 빛의 자녀로 새로운 정체성을 부여받는 곳입니다. 그리스도인의 여정에서 십자가는 인생 여정의 어느 한 지점에서 경험하는 일회적인 체험이 아니라, 매일의 삶 속에서 기억하고 붙들어야 할 은혜입니다. 죄의 짐은 우리의 노력이나 의로움으로 벗겨지지 않습니다. 오직 십자가 앞에서만 벗겨집니다.

십자가는 단순한 형벌의 도구가 아닙니다. 그곳은 사망이 꺾이고 생명이 시작된 자리이며, 죄인이 하나님의 자녀로 변화되는 장소입니다. 모든 죄의 짐이 사라지는 기적의 자리입니다. 순례자에게 십자가의 언덕은 여정의 중심이며, 우리의 구원은 바로 거기서 시작됩니다. 이제 우리는 그 십자가를 단단히 붙잡고, 그 구원의 은혜에 감사하며 천성을 향해 걸어가는 순례자가 되어야 합니다.

질문과 나눔

◇ 당신은 당신의 죄의 짐이 십자가 앞에서 풀려났음을 정말로 믿고 확신하며 살고 있나요?

◇ 당신은 십자가를 단순히 과거의 한때 경험으로 여기지 않고, 매일 붙들어야 할 삶의 중심 진리로 받아들이고 있나요?

◇ 당신은 십자가 은혜로 받은 하나님의 자녀로서의 새로운 정체성을 오늘의 삶 속에서 확신하며 감사함으로 누리고 있나요?

◇ 십자가 구속의 은혜를 확신하고, 예수 그리스도를 구주와 주님으로 영접했던 구원 간증을 함께 나누어 보세요.

적용과 결단

◇ **매일 십자가 은혜를 기억하며 감사하세요.**

날마다 십자가 은혜로 살아간다는 사실을 고백하며 감사하겠습니다.

◇ **죄 사함의 기쁨과 자유를 누리세요.**

예수님의 보혈로 얻은 죄 사함의 기쁨과 자유를 누리며 살겠습니다.

◇ **하나님의 자녀로서 확신을 가지고 살아가세요.**

하나님의 자녀임을 기억하며 날마다 빛의 자녀로서 살아가겠습니다.

기도

하나님 아버지, 이 시간 예수님의 십자가 은혜를 기억합니다. 저의 죄를 담당하고 새 생명을 주신 은혜와 사랑에 감사드립니다. 오늘도 죄에 대하여 죽고 의에 대하여 살아가는 하루가 되게 하옵소서. 우리를 구원하신 예수님의 이름으로 기도합니다. 아멘.

14. 세 천사와 세 가지 선물

삼위일체 하나님께서 주시는 구원의 은혜

너희는 그 은혜에 의하며 믿음으로 말미암아 구원을 받았으니
이것은 너희에게서 난 것이 아니요 하나님의 선물이라_엡 2:8

《천로역정》 이야기

크리스천의 죄의 짐이 십자가 앞에서 저절로 벗겨진 이후, 세 천사가 크리스천에게 나타나 "평안할지어다"라고 인사합니다. 그리고 첫 번째 천사는 크리스천에게 "당신의 죄가 사함을 받았습니다"라고 죄 사함의 선언을 합니다. 두 번째 천사는 크리스천의 누더기를 벗기고 아름다운 새 옷으로 갈아입혀 줍니다. 세 번째 천사는 크리스천의 이마에 표를 하고 봉인된 두루마리(Scroll)를 건네주며 "여정 중에 이 두루마리를 자주 펼쳐 보고 천국의 문에서 그것을 제시하라"고 말합니다.

이 장면은 성부 하나님, 성자 예수님, 성령 하나님의 삼위일체 구원 사역을 보여 줍니다. 이는 구원이 단지 죄의 짐을 벗는 데서 끝나는 것이 아니라, 새로운 신분과 사명의 삶으로 나아가는 출발점임을 강조합니다.

《천로역정》 해설

첫 번째 천사는 죄 사함의 선언으로 "당신의 죄가 사함을 받았습니다"라고 선포합니다. 이것은 죄 사함의 은혜입니다. 죄에서 자유함을 얻었음을 의미합니다. 더 이상 죄의 정죄 아래 있지 않다는 선언입니다. 이 선언은 복음의 핵심이며, 그리스도인은 이 선포를 자신의 삶 속에서 날마다 확인해야 합니다.

두 번째 천사는 크리스천에게 새롭고 깨끗한 옷을 입힙니다. 이는 예수 그리스도의 의의 옷을 입은 것을 의미합니다. 이것은 칭의, 곧 의롭다 하심(Justification)을 상징합니다. 이 옷은 외적인 변화가 아니라 본질적인 신분의 변화를 나타냅니다.

세 번째 천사는 그의 이마에 인을 치며 하나님의 자녀임을 확증하고 봉인된 두루마리를 건네줍니다. 이는 천성의 입장 증표이자 구원의 보증이며, 하나님의 약속을 상기시키는 증거물입니다. 이 두루마리는 순례의 여정 동안 크리스천을 격려하고, 천성 문 앞에서 반드시 제시해야 할 증표로 사용됩니다.

십자가 앞에서 죄의 짐을 벗는 순간, 우리의 여정은 끝나는 것이 아니라 새롭게 다시 시작됩니다. 죄 사함의 선포는 성부 하나님께서 주시는 은혜의 선물이며, 새 옷은 성자 예수님의 의가 우리를 덮고 있음을 보여 줍니다. 그리고 성령의 인 치심과 봉인된 두루마리는 하나님의 자녀로서 언약을 붙들고 순례의 길을 걷게 하며, 이 여정의 끝에서 천성의 문에 들어가게 하는 언약의 증표가 됩니다. 우리는 이제 죄의 짐을 벗고 왕의 자녀로서의 정체성을 지닌 채 천성을 향해 걸어가는 순례자임을 잊지 말아야 합니다.

질문과 나눔

◇ 당신은 십자가 앞에서 선포된 '죄 사함의 선언'을 진심으로 믿고, 죄에서 자유함을 얻었음을 확신하고 있나요?

◇ 당신은 지금도 새 옷, 곧 그리스도의 의를 입은 하나님의 자녀로서의 새로운 정체성을 기억하며 살고 있나요?

◇ 당신은 순례의 여정 가운데 하나님께서 주신 구원의 약속과 보증인 말씀을 통해 힘과 위로를 얻고 있나요?

◇ 하나님의 자녀로서 십자가 구원의 은혜를 날마다 기억하며 살아가기 위해 구체적으로 실천할 수 있는 일이 무엇인지 함께 나누어 보세요.

적용과 결단

◇ 죄 사함의 확신을 가지세요.
더 이상 정죄 아래 있지 않음을 기억하며, 과거의 죄책감에 묶이지 않고 복음의 자유를 누리며 살겠습니다.

◇ 새 옷, 곧 의의 옷을 입은 자로 살아가세요.
그리스도의 의로 덧입혀진 자로서 정결한 언행을 지키며, 하나님의 자녀답게 살겠습니다.

◇ 구원의 약속을 꼭 붙드세요.
말씀을 통해 낙심의 순간마다 하나님의 언약을 붙들고 끝까지 천성을 향해 걸어가겠습니다.

기도

하나님 아버지, 예수님의 십자가 은혜로 저의 죄를 사하고 의의 옷을 입혀 주셔서 감사합니다. 성령으로 인 쳐 주셔서 하나님의 자녀 됨과 천국 시민권을 보증해 주신 주님을 찬양합니다. 오늘도 약속의 말씀을 붙들고 감사와 기쁨으로 살아가게 하옵소서. 새 생명을 주신 예수님의 이름으로 기도합니다. 아멘.

15. 단순, 나태, 거만
영적으로 잠에 빠진 영혼의 비극

그러므로 깨어 있으라 어느 날에 너희 주가 임할는지
너희가 알지 못함이니라_마 24:42

《천로역정》 이야기

십자가의 언덕을 지나 길을 가던 중, 크리스천은 길가에서 세 사람이 졸고 있는 모습을 보게 됩니다. 이들의 이름은 '단순'(Simple), '나태'(Sloth), '거만'(Presumption)입니다. 그들은 몸만 졸고 있는 것이 아니라 마음까지도 깨어 있지 않았습니다. 크리스천이 일어나라고 간절히 외쳤지만, 단순과 나태와 거만은 크리스천의 말을 무시한 채 다시 깊은 영적 잠에 빠져 버립니다.

《천로역정》 해설

'단순'은 신앙에 대해 무지하며 깊이 생각하지 않는 자를 상징합니다. 신앙을 단지 '좋은 일'이나 '종교적 분위기' 정도로만 여기고, 진리의 경고 앞에서도 반응하지 않는 자입니다. '나태'는 깨어 기도하지 않고 신앙의 훈련을 게을리하는 영혼을 의미합니다. '나중에 하자', '피곤해서 기도는 내일'이라는 생각으로 인해 영혼이 점점 깊은 잠에 빠져드는 상태입니다. '거만'은 자기 확신에 빠져 말씀을 무시하고 경고를 받아들이지 않는 영혼을 의미합니다. 하나님 앞에서도 "나는 괜찮다"라는 식으로 스스로를 의롭다 여기고, 회개와 겸손을 거부하는 자입니다.

이 세 인물은 모두 '영적으로 잠든 자들'이며, 경고를 무시함으로써 멸망을 향해 나아가는 자들입니다. 이들의 공통점은 말씀 앞에 반응하지 않는 태도이며, 예수님을 닮아 가는 성화의 삶을 거부하는 모습입니다. 단순, 나태, 거만의 모습은 오늘날 그리스도인의 내면에도 존재할 수 있음을 우리에게 경고합니다. 겉모습은 서로 다를지라도, 그 내면은 모두 하나님 앞에서 반응하지 않는 상태라는 점에서 동일합니다. 그래서 그들은 각각 누워 있으나 쇠사슬로 함께 묶여 있습니다.

우리는 그들과 달리, 경고의 말씀을 들을 때 즉시 회개하고 돌이키는 영적 민감성을 회복해야 합니다. 하나님은 지금도 말씀하시며, 깨우시고, 다시 시작할 기회를 주십니다. 오늘도 우리는 말씀 앞에 즉각 반응하는 자가 되어야 합니다.

질문과 나눔

◇ 당신 안에 '단순'처럼 진리의 경고에 무감각하게 반응하고 있는 부분은 없나요?

◇ 당신의 삶 속에서 '나태'로 인해 말씀과 기도를 미루며 영혼을 잠들게 만드는 습관은 무엇인가요?

◇ 당신은 '거만'처럼 스스로 괜찮다고 여기며 회개와 겸손을 거부하는 마음을 품고 있지는 않나요?

◇ 인생의 순례 여정에서 영적으로 깨어 있기 위해 필요한 실천을 함께 나누어 보세요.

적용과 결단

◇ **즉각 반응하는 습관을 세워 보세요.**
말씀을 듣고 순종함으로 말씀을 행하는 믿음의 삶을 살겠습니다.

◇ **영적 훈련에 열심을 내어 보세요.**
기도와 말씀 묵상을 게을리하지 않고, 날마다 주님과 교제하겠습니다.

◇ **겸손하게 충고를 받아들여 보세요.**
믿음의 공동체 안에서 이웃의 권면과 조언을 겸손히 듣고, 나를 점검하며 변화의 기회로 삼겠습니다.

기도

하나님 아버지, 주님의 은혜로 오늘도 저의 영혼을 깨워 주옵소서. 단순함에 갇혀 진리를 무시하지 않게 하시고, 나태함에 빠져 신앙의 삶을 미루지 않게 하시며, 영적 교만함으로 살아가지 않도록 붙잡아 주옵소서. 날마다 영적으로 깨어 순례의 길을 걸어가게 하옵소서. 예수님의 이름으로 기도합니다. 아멘.

16. 허례와 위선

참된 신앙 없이 형식에 갇힌 자들

내가 진실로 진실로 너희에게 이르노니
문을 통하여 양의 우리에 들어가지 아니하고 다른 데로 넘어가는 자는
절도며 강도요_요 10:1

《천로역정》 이야기

크리스천은 길을 가던 중 담을 넘어오는 두 사람을 보게 됩니다. 그들은 좁은 문이 아닌 담을 넘어 불법적으로 순례자의 길에 들어선 자들입니다. 그들의 이름은 '허례'(Formalist)와 '위선'(Hypocrisy)입니다. 그들은 스스로 신앙의 길을 걷는다고 자부하지만, 처음부터 올바른 문인 좁은 문으로 들어오지 않았고, 십자가 언덕에서의 구원의 은혜도 경험하지 못했습니다. 그들은 '헛된 영광'이라는 마을에서 태어난 자들로, 그 마을의 천 년이 넘는 전통에 따라 천성에 이르기 위해서 담을 넘어온 사람들이었습니다. 그들은 삶으로 신앙을 실천하지 않으며, 믿음 없이 외형만 갖춘 자들입니다.

《천로역정》 해설

'허례'는 말 그대로 형식주의자입니다. 그는 신앙을 의식과 전통, 외형적인 행위로 대체한 인물입니다. 그는 회심 없이도 교회에 다니며 기도나 봉사와 같은 외적 행위를 신앙의 본질로 착각합니다. 그러나 그에게는 내면의 변화도, 십자가의 경험도 없습니다.

'위선'은 겉으로는 경건하고 열심 있는 신앙인처럼 보이지만, 실제 삶은 진리와 동떨어진 사람입니다. 그는 신앙 공동체 안에서는 열심을 보이지만, 하나님과의 실제적인 관계는 없습니다. 그의 신앙은 사람을 의식한 종교 생활일 뿐, 하나님을 경외하는 삶이 아닙니다.

이 둘은 모두 참된 회심 없이 종교적 언어와 외형만으로 신앙을 가장하는 자들입니다. 그들은 결코 천성에 이를 수 없습니다. 허례와 위선은 우리 안에 숨어 있는 가장 위험한 영적 질병입니다. 이들은 신앙의 길 위에 서 있는 것처럼 보이지만 좁은 문과 십자가 언덕을 통과하지 않았고, 종교적 열심은 있으나 성령의 내적 변화가 결핍된 자들입니다. 우리의 신앙은 반드시 복음의 문을 통과한 회심에서 출발해야 하며, 진실한 삶의 열매와 겸손한 마음으로 증명되어야 합니다. 주님은 외모가 아니라 중심을 보십니다. 오늘도 하나님 앞에서 진실한 순례자가 되기를 다짐하며 순례의 길을 걸어가야 합니다.

질문과 나눔

◇ 당신은 혹시 '허례'처럼 외형적인 의식과 종교적 행위로 신앙을 대신하고 있지는 않나요?

◇ 당신의 신앙은 '위선'처럼 사람 앞에서는 경건해 보이지만, 하나님 앞에서는 진실하지 못한 모습은 없나요?

◇ 당신의 신앙은 종교적 습관이 아니라 좁은 문과 십자가를 통한 회심의 경험 위에 세워져 있나요?

◇ 허례와 위선이 없는 신앙생활을 위해 필요한 영적 다짐과 실천을 함께 나누어 보세요.

적용과 결단

◇ 날마다 십자가 앞에서 자신을 점검해 보세요.
신앙의 시작은 십자가의 은혜와 회심임을 기억하며, 매일 그 은혜
앞에 서겠습니다.

◇ 겉모습보다는 내면의 중심을 돌보세요.
사람들의 시선보다 하나님께서 나와 함께하심을 기억하며, 내면의
진실함과 성령의 열매를 삶 속에서 가꾸겠습니다.

◇ 날마다 진실한 순례자로 살아가세요.
외적 행위에 의존하지 않고 말씀과 기도를 통해 하나님과 인격적으
로 교제하며 순례의 길을 성실히 걷겠습니다.

기도

하나님 아버지, 저의 믿음이 십자가의 대속의 은혜를 경험한 참된 회
심 위에 서 있게 하시고, 제 안에 허례와 위선의 마음이 자리하지 않도
록 항상 지켜 주옵소서. 누구에게 보이기 위한 신앙이 아니라 하나님
앞에서 중심을 드리는 진실한 믿음으로 살아가게 하옵소서. 양의 문이
신 예수님의 이름으로 기도합니다. 아멘.

17. 곤고의 산

인생의 고난도 정직하게 직면하는 크리스천

이 말씀은 나의 고난 중의 위로라
주의 말씀이 나를 살리셨기 때문이니이다_시 119:50

《천로역정》 이야기

크리스천은 어떤 산기슭에 이르게 됩니다. 이 산의 이름은 '곤고'(Difficulty)입니다. 이곳에는 세 갈래 길이 있는데, 하나는 좁고 가파르며 오르기 힘든 본래의 길이고, 두 번째는 왼편으로 휘어진 '위험'(Risk)의 길이며, 세 번째는 오른편으로 휘어진 '멸망'(Destruction)의 길입니다. 크리스천은 기도하고 결단한 후, 곤고한 본래의 길을 택해 올라갑니다. 비록 길은 몹시 힘들고 숨이 찰 정도로 고되지만, 그 길만이 천성으로 이르는 참된 길입니다. 허례와 위선은 각각 위험과 멸망의 길을 선택하고, 결국 천성에 이르지 못합니다.

크리스천은 곤고의 산을 오르던 중 순례자들이 잠시 쉬어 갈 수 있는 휴식처에서 그만 잠이 들고, 약속의 말씀인 두루마리를 떨어뜨리고 맙니다. 그는 잠든 채로 저녁을 맞이합니다. 잠에서 깨어난 크리스천은 산 정상으로 오르다가 두루마리를 잃어버린 사실을 깨닫고, 다시 휴식처로 내려가 그것을 찾아낸 뒤에야 곤고의 산을 넘어갑니다.

《천로역정》 해설

'곤고의 산'은 구원받은 순례자에게도 피할 수 없는 신앙의 여정을 상징합니다. 하나님은 고난과 인내, 영적 전투와 거룩의 훈련을 통해 신앙을 성숙하게 하십니다. 많은 사람이 곤고의 길 앞에서 조금 더 쉬워 보이는 옆길로 빠집니다. 그 옆길의 끝에는 '위험'과 '멸망'이라는 절벽이 기다리고 있습니다. 이 옆길은 인간적인 합리화와 타협, 자기기만과 영적 게으름을 상징합니다. 이러한 길은 결코 천성으로 이어지지 않으며, 결국 영적 파산과 멸망으로 끝납니다.

크리스천은 곤고의 산에서 잠시 쉬어야 할 자리에서 깊은 잠에 들었고, 약속의 말씀인 두루마리까지 떨어뜨리는 바람에 그 산에 머무는 시간이 더 길어졌습니다. 순례자는 고난 중에 하나님의 약속의 말씀을 붙잡고, 그 고난을 지혜롭게 지나가야 합니다. 천국은 쉬운 길의 끝에 있는 목적지가 아닙니다. 하나님은 곤고의 산을 통해 우리를 단련하고 정결하게 하시며, 믿음의 근육을 자라게 하기를 원하십니다. 우리는 순례의 여정 속에서 언젠가 반드시 곤고의 산을 오르게 됩니다. 그곳은 피할 수 없는 언덕이지만, 그 언덕 너머에는 하늘의 기쁨이 기다리고 있습니다. 힘들어도 하나님의 말씀을 붙들고 오르십시오. 우리 주님은 그 길에서도 우리와 함께하십니다.

질문과 나눔

◇ 당신은 신앙의 여정에서 힘들고 어려운 길을 만날 때, 기도와 결단으로 곤고의 길을 직면하고 있나요?

◇ 당신은 고난의 여정 속에서 영적 나약함으로 '약속의 말씀'을 잃어버리고 있지는 않나요?

◇ 당신은 고난을 하나님께서 믿음을 단련하고 성숙하게 하시는 영적 훈련의 장으로 바라보고 있나요?

◇ 인생의 순례길에서 만난 고난과 어려움을 말씀과 믿음으로 이겨 낸 경험이 있다면 함께 나누어 보세요.

적용과 결단

◇ 고난 중에도 말씀을 의지하세요.
힘든 순간일수록 약속의 말씀을 손에서 놓지 않고, 말씀을 묵상하고 암송하며, 공부하고 읽고 듣고 쓰면서 믿음을 지켜 나가겠습니다.

◇ 영적 게으름을 경계하세요.
잠시 쉬는 시간에도 방심하지 않고, 기도와 말씀을 통해 영적으로 깨어 있겠습니다.

◇ 고난을 신앙의 훈련장으로 여기세요.
고난을 원망하지 않고, 하나님께서 내 믿음을 단련하시는 과정으로 받아들이며 인내와 감사로 견뎌 나가겠습니다.

기도

하나님 아버지, 인생의 길에서 곤고의 산을 만날 때 저를 살리시는 주님의 약속의 말씀을 끝까지 붙들고, 저와 동행하시는 주님을 더욱 의지함으로 그 고난을 이겨 내게 하옵소서. 고난 중에도 함께하시는 예수님의 이름으로 기도합니다. 아멘.

18. 겁쟁이와 불신

두려움과 믿음 없음으로 역주행하는 자

나의 의인은 믿음으로 말미암아 살리라 또한 뒤로 물러가면
내 마음이 그를 기뻐하지 아니하리라 하셨느니라_히 10:38

《천로역정》이야기

크리스천이 곤고의 산을 힘겹게 올라 정상 너머로 내려가는 길에 접어들었을 때, 두 사람이 그를 향해 급히 달려옵니다. 그들의 이름은 '겁쟁이'(Timorous)와 '불신'(Mistrust)입니다. 그들은 크리스천에게 그 길은 너무 위험하며, 앞에 사나운 사자가 있어 두려움에 역주행으로 도망치는 중이라고 말합니다. 크리스천은 잠시 마음이 흔들리지만, 곧 스스로를 다잡고 순례의 길을 계속해서 걸어갑니다.

《천로역정》해설

'겁쟁이'는 신앙의 여정에서 용기가 없는 자를 대표합니다. 그는 결단이 없고, 고난을 감당하려 하지 않는 사람입니다. 하나님을 믿는다고 말하지만 실제로는 하나님보다 세상과 사람의 눈을 더 두려워합니다. '불신'은 하나님의 말씀과 인도하심을 신뢰하지 못하고, 불안과 의심에 사로잡힌 자입니다. 그는 하나님의 능력보다 현실의 장해물을 더 크게 바라봅니다.

이 두 사람은 역주행하는 자들입니다. 천성을 향해 출발했지만 결국 포기하고 되돌아간 자들, 곧 천성을 등진 자들입니다. 겁쟁이와 불신은 우리 모두의 내면에 숨어 있습니다. 신앙은 감정의 문제가 아니라 하나님의 신실하심을 신뢰하는 결단의 문제입니다. 우리는 그 신뢰와 결단으로 인생의 순례길을 걸어야 합니다.

오늘도 우리의 여정 앞에는 위협과 장해물이 놓여 있지만, 그

길의 끝에 천성이 있음을 믿고 다시 걸음을 내딛으십시오. 되돌아가는 믿음은 아무것도 남기지 않습니다. 믿음을 가지고 앞으로 나아가는 자만이 영광의 문에 이르게 됩니다.

질문과 나눔

◇ 당신은 신앙의 길에서 하나님의 뜻보다 사람의 시선과 세상의 위협을 더 두려워하며 겁쟁이처럼 도망치고 있지는 않나요?

◇ 당신은 어려움 앞에서 하나님의 약속보다 눈에 보이는 현실의 장해물을 더 크게 보며 불신에 빠진 적은 없나요?

◇ 당신의 걸음은 되돌아가는 역주행의 걸음이 아니라, 믿음을 가지고 천성을 향해 한 걸음씩 나아가는 걸음인가요?

◇ 인생의 순례길에서 내면의 두려움과 불신으로 낙심했던 경험이 있나요? 그때 그것을 어떻게 이겨 냈는지 함께 나누어 보세요.

적용과 결단

◇ 두려움 대신 신뢰를 선택하세요.
세상이 주는 두려움이 아니라 하나님께서 주신 약속을 붙들고, 용기를 내어 믿음의 길을 계속 걷겠습니다.

◇ 현실보다 더 크신 하나님을 바라보세요.
눈앞의 장해물보다 하나님의 능력을 더 크게 바라보며, 불신이 아닌 신뢰함으로 살아가겠습니다.

◇ 결단의 믿음으로 앞으로 나아가세요.
되돌아가지 않고 매일 작은 결단으로 순례자의 걸음을 이어 가며, 천성을 향한 방향을 잃지 않겠습니다.

기도

하나님 아버지, 제 안에 숨어 있는 두려움과 불신을 내려놓습니다. 제 앞의 상황보다 주님의 신실하심을 더 크게 바라보게 하시고, 믿음으로 끝까지 완주하는 순례자가 되게 하옵소서. 신실하신 예수님의 이름으로 기도합니다. 아멘.

19. 두 사자

좌로나 우로나 치우치지 말고, 강하고 담대하게

근신하라 깨어라 너희 대적 마귀가 우는 사자같이
두루 다니며 삼킬 자를 찾나니_벧전 5:8

《천로역정》 이야기

크리스천이 곤고의 산을 지나던 중, 산길 끝자락에 자리한 아름다운 집을 보게 됩니다. 그리고 그 집으로 가는 길목에서 두 마리의 사자를 발견합니다. 그가 사자들의 포효와 위협적인 모습 앞에서 잠시 주저할 때, 아름다운 집의 문지기인 '경계'(Watchful)가 나와 "사자들은 사슬에 묶여 있으니 두려워하지 말라"고 외칩니다. 크리스천은 '좌로나 우로나 치우치지 않고 담대하게' 그 사이를 지나가며, 마침내 무사히 아름다운 집에 도착합니다.

《천로역정》 해설

두 마리 사자는 신자의 여정에서 마주치는 위협적인 존재들을 상징합니다. 육체적 박해와 세상의 유혹 등 사탄의 공격이 여기에 해당합니다. 사자는 위협적이지만 하나님의 허락 없이는 해를 입힐 수 없습니다. 이는 시험이 하나님의 통제 아래 있으며, 믿음으로 통과할 수 있는 영적 훈련의 자리임을 의미합니다. 사자들은 자유롭게 공격하지 못하고 사슬에 묶여 있으며, 그저 으르렁거릴 뿐입니다. 이는 고난과 시련이 결코 무작위로 일어나는 것이 아니라, 하나님의 허락 아래 제한된 범위 안에서만 작동한다는 사실을 보여 줍니다.

믿음의 여정에서 사자의 위협은 실제적일 수 있지만, 그보다 크신 하나님의 손을 신뢰할 때 우리는 아무런 해도 입지 않고 그 사이를 안전하게 지나갈 수 있습니다. 크리스천이 으르렁거리는 사자를 보고 두려움에 사로잡혔을 때, '경계'의 "그 사자들은 묶여 있다"는 외침이 그의 마음을 진정시킵니다. 이는 교회의 권면과 성도의 격려 그리고 성경 말씀을 통해 두려움을 이겨 내는 순간을 상징합니다.

두 마리 사자는 우리의 삶에 위협처럼 다가오지만, 그 너머에는 하나님의 사랑이 우리를 인도할 아름다운 집이 기다리고 있습니다. 사자의 포효가 아무리 커도 믿음은 그 사이를 지나가게 합니다. 두려움보다 크신 하나님을 신뢰하며, 오늘도 좌로나 우로나 치우치지 않고 강하고 담대하게 그 사자 사이를 지나가야 합니다.

질문과 나눔

◇ 당신은 인생의 여정에서 사자의 포효처럼 두렵게 만드는 위협과 유혹 앞에서, 그것이 하나님의 통제 아래 있음을 신뢰하고 있나요?

◇ 당신은 마음을 위협하는 사자 같은 존재들 앞에서 하나님의 약속과 공동체의 권면을 붙들며 담대함을 선택하고 있나요?

◇ 당신은 인생의 순례길에서 좌로나 우로나 치우치지 않고 담대한 믿음으로 올곧게 걷고 있나요?

◇ 인생의 순례길에서 두려움이나 위협으로 인해 순례의 발걸음을 멈췄던 경험이 있다면, 그것을 어떻게 극복했는지 함께 나누어 보세요.

적용과 결단

◇ 하나님의 주권을 신뢰하세요.
어떤 고난이나 위협도 주님의 허락 없이는 내게 해를 입히지 못함을
믿고, 두려움보다 하나님의 주권을 붙들겠습니다.

◇ 권면과 격려에 귀 기울이세요.
두려움이 몰려올 때 '경계'의 외침처럼 말씀과 교회의 격려를 통해
마음의 담대함을 회복하겠습니다.

◇ 담대히 걸어가세요.
공중의 권세 잡은 자의 위협 속에서도 좌로나 우로나 치우치지 않
고, 믿음으로 한 걸음씩 천성을 향해 곧게 나아가겠습니다.

기도

하나님 아버지, 순례의 여정 가운데 으르렁거리는 사자의 위협 앞에서
두려움과 불안에 사로잡히지 않게 하옵소서. 주님의 권세를 신뢰하며,
굳건하고 담대한 걸음으로 이 길을 걷게 하옵소서. 우리를 지키시는
예수님의 이름으로 기도합니다. 아멘.

20. 아름다운 집과 네 자매

순례자에게 허락된 쉼과 분별의 공간

서로 돌아보아 사랑과 선행을 격려하며
모이기를 폐하는 어떤 사람들의 습관과 같이 하지 말고
오직 권하여 그날이 가까움을 볼수록 더욱 그리하자_히 10:24-25

《천로역정》 이야기

곤고의 산을 넘은 크리스천은 길 한쪽에 세워진 아름답고 웅장한 집에 도착합니다. 이 집의 이름은 '아름다운 집'(House of Beautiful)으로, 하나님께 속한 자들만이 들어갈 수 있는 거룩한 공동체, 곧 교회를 상징합니다. 크리스천은 이곳에서 네 명의 자매를 만나게 되는데, 그들의 이름은 '신중'(Prudence), '경건'(Piety), '분별'(Discretion), '자애'(Charity)입니다. 이들은 크리스천을 따뜻하게 맞이하고 그와 깊은 대화를 나누며, 크리스천이 신앙의 점검과 위로 그리고 준비의 시간을 갖도록 도와줍니다.

《천로역정》 해설

'아름다운 집'은 천성을 향한 순례자들이 잠시 머물며 영적 재충전을 얻는 쉼터입니다. 하나님의 말씀과 교제, 기도와 회복 그리고 분별을 통해 신자는 앞으로의 싸움을 위한 무장을 준비하게 됩니다. 이 집은 순례자들이 고난 가운데서도 신앙을 지키기 위해 반드시 필요로 하는 교회 공동체의 예표입니다.

이 집에는 네 명의 자매, 곧 '신중', '경건', '분별', '자애'가 순례자들을 맞이하고 환대합니다. 신중은 분별력 있는 판단과 자기 인식을 의미하며, 자신의 연약함과 강점을 직면하게 합니다. 경건은 하나님을 향한 경건한 태도와 예배의 중심성을 의미하며, 순례의 길에서 거룩함과 경건함의 회복을 강조합니다. 분별은 지혜로운 판단과 영적인 통찰을 의미하며, 악과 거짓을 분별하게 합니다.

자애는 하나님의 사랑을 기반으로 한 실천적 사랑을 의미하며, 순례자 간의 교제를 통해 나누어지는 하나님의 사랑을 나타냅니다.

하나님은 인생의 순례길에서 우리를 쉬지 않고 달리게만 하시지 않습니다. 그분은 길 가운데에 아름다운 집, 곧 교회를 준비해 두셨고, 그 안에서 분별 있게 질문하고 사랑 안에서 회복하며 다시 신발 끈을 단단히 묶고 나아가기를 원하십니다. 이 집에서 힘을 얻고, 다시 시작하십시오. 우리와 함께하시는 주님과 동행한다면, 다음 여정 또한 은혜의 길입니다.

질문과 나눔

◇ 당신은 신앙의 여정 속에서 '아름다운 집', 곧 교회 공동체를 하나님께서 주신 영적 안식처이자 신앙의 도전과 결단의 장소로 누리고 있나요?

◇ 당신의 삶 속에 '신중', '경건', '분별', '자애'라는 네 자매의 덕목이 균형 있게 드러나고 있나요? 당신에게 특히 부족한 부분은 무엇인가요?

◇ 당신은 교회 안에서 위로와 재충전을 받을 뿐 아니라, 다른 순례자를 격려하고 세워 주는 동역자로 살고 있나요?

◇ 교회 공동체 안에서 '신중', '경건', '분별', '자애'를 어떻게 경험하고 배우고 있는지 함께 나누어 보세요.

적용과 결단

◇ **교회 생활에 적극적으로 참여하세요.**
예배와 말씀, 기도와 교제를 통해 교회 공동체 안에서 영적 재충전을 받고 날마다 세워지겠습니다.

◇ **아름다운 집의 네 자매의 덕목을 묵상하고 실천해 보세요.**
매일의 삶 속에서 신중하게 판단하고, 경건한 태도로 예배하며, 분별로 진리를 지키고, 자애로 사랑을 나누겠습니다.

◇ **공동체 안에서 서로를 세워 주는 동역자가 되어 보세요.**
교회 공동체 안에서 다른 성도를 격려하고 위로하며, 함께 순례의 길을 걸어가는 동역자가 되겠습니다.

기도

하나님 아버지, 저의 순례의 길에 아름다운 집과 같은 교회를 주셔서 감사합니다. 제가 섬기는 교회 안에서 말씀과 기도로 힘을 얻고, 신중함과 경건함, 분별과 자애의 덕목을 배우게 하옵소서. 공동체 안에서 서로 사랑으로 격려하며 다시 신발 끈을 단단히 묶고 믿음의 길을 넉넉히 걸어가게 하옵소서. 교회의 머리 되시는 예수님의 이름으로 기도합니다. 아멘.

21. 아름다운 집의 평화의 방

세상이 줄 수 없는 평안 안에 머무는 영혼의 안식처

평안을 너희에게 끼치노니 곧 나의 평안을 너희에게 주노라
내가 너희에게 주는 것은 세상이 주는 것과 같지 아니하니라
너희는 마음에 근심하지도 말고 두려워하지도 말라_요 14:27

《천로역정》 이야기

크리스천은 아름다운 집에서 '신중', '경건', '분별', '자애'와 깊은 대화를 나눈 후 그날 밤 '평화의 방'(The Chamber of Peace)에 머물게 됩니다. 그는 평안히 눕고 아침까지 달콤한 잠을 잔 뒤 이렇게 노래합니다. "내가 있는 이곳은 어디인가? 순례자들을 위해 예비해 놓은 예수님의 사랑과 보호하심이 있는 곳! 죄 사함을 받은 나, 이미 천국에 다다랐네." 이 장면은 크리스천이 내면의 온전한 쉼과 평화를 누리며 참된 구원의 확신과 하늘의 평화를 맛보는 상징적 경험입니다.

《천로역정》 해설

'평화의 방'은 순례자가 복음 안에서 누리게 되는 참된 평안, 곧 '하나님과의 화목'(롬 5:1)의 열매를 상징합니다. 그동안 고난과 유혹, 방황을 겪어 온 크리스천은 이곳에서 '나는 구원받은 자'라는 내면의 확신을 품고 노래하며 비로소 온전한 쉼을 누립니다. 그는 이곳에서 평안한 잠과 안식을 경험합니다. 하나님의 보호 아래 거하는 평안한 잠은 구약과 신약 모두에서 하나님의 보호와 신뢰를 상징합니다. 이 잠은 단순한 육체적 쉼을 넘어 하나님 안에 거하는 영적 평화, 곧 죽음을 이기는 생명의 안식을 의미합니다.

　하나님은 천성을 향해 달리는 순례자에게 쉬지 말고 달려가라고만 하지 않으십니다. 그분은 길 위에 평화의 방을 마련하고, 그 안에서 순례자가 쉼을 누리며 영혼의 안식을 경험하기를 원하십니다. 그곳에서 순례자는 영적 소생을 경험하며, 평안히 눕고 다시 일어날 힘을 얻게 됩니다. 이것은 세상이 줄 수 없는 평안을 주시는 예수님 안에서만 누릴 수 있는 참된 평안입니다.

질문과 나눔

◇ 당신은 모든 상황 속에서 '구원받은 하나님의 자녀'라는 확신과 평안을 마음 깊이 누리며 살고 있나요?

◇ 당신은 삶 속에서 하나님이 주시는 쉼을 외면한 채 쉼 없이 달리며 영혼을 지치게 하고 있지는 않나요?

◇ 당신은 세상이 줄 수 없는 예수님의 평안을 누릴 뿐 아니라, 그 평안을 나누는 피스메이커의 삶을 살아가고 있나요?

◇ 불안과 분노가 가득한 세상 속에서 우리가 어떻게 예수님의 참된 평안을 누리며 살아갈 수 있을지 함께 나누어 보세요.

적용과 결단

◇ 구원의 확신을 마음에 새기고 선포하세요.
십자가로 이미 주어진 구원을 날마다 확인하며, 두려움과 불안을 내려놓고 하나님과 화목한 자로 살겠습니다.

◇ 영혼의 쉼을 누려 보세요.
바쁜 일상 속에서도 기도와 묵상으로 잠시 멈추어 하나님이 주시는 평안을 누리며 감사하는 영적 습관을 갖겠습니다.

◇ 평안을 나누는 순례자가 되어 보세요.
내가 경험한 하늘의 평화를 가족과 공동체에 흘려보내며, 주변 이웃에게 예수 안에 있는 참 평안을 전하겠습니다.

기도

하나님 아버지, 오늘도 세상이 줄 수 없는 예수님의 참 평안 가운데서 모든 걱정과 두려움을 주님의 발 앞에 내려놓습니다. 인생의 순례 길에서 날마다 예수님의 평안을 누리며 이 길을 걸어가게 하옵소서. 참 평안이신 예수님의 이름으로 기도합니다. 아멘.

22. 아름다운 집의 서재

믿음의 선진들을 통해 배우는 순례자의 지혜

모든 성경은 하나님의 감동으로 된 것으로 교훈과 책망과
바르게 함과 의로 교육하기에 유익하니 이는 하나님의 사람으로 온전하게 하며
모든 선한 일을 행할 능력을 갖추게 하려 함이라_딤후 3:16-17

《천로역정》 이야기

아름다운 집에 머물던 크리스천은 자매들의 인도로 '서재'(The Study)에 들어갑니다. 서재에는 과거의 순례자들이 남긴 기록과 하나님의 인도하심에 대한 문서 그리고 계시와 관련된 문헌들이 보관되어 있습니다. 크리스천은 그곳에서 자신이 가는 길이 혼자만의 길이 아니라, 수많은 신실한 순례자의 뒤를 따르는 길임을 깨닫게 됩니다. 서재는 신앙의 역사를 기억하는 방이며, 신앙의 전통이 보존된 거룩한 기록의 장소입니다.

《천로역정》 해설

아름다운 집의 '서재'는 단순한 자료 보관소가 아니라, 하나님의 섭리와 구속사가 '기록된 증언'으로 전해지는 장소입니다. 이곳에서 크리스천은 말씀과 경험 그리고 믿음의 선진들의 삶을 통해 힘을 얻고 방향을 재정립합니다. 이는 말씀과 교회사의 중요성 그리고 영적 전통의 지속성을 상징합니다.

서재에 기록된 수많은 순례자의 여정은 크리스천에게 신앙은 개인적이면서도 동시에 공동체적인 여정임을 가르쳐 줍니다. 이는 우리 역시 신앙의 선배들로부터 배우고, 또 그 믿음을 다음 세대에게 전해야 함을 뜻합니다.

서재는 기록된 진리가 살아 있는 메시지로 현재의 삶에 빛을 비추는 장소입니다. 이는 단순한 정보의 축적이 아니라, 말씀과 성령의 조명이 만나 변화와 적용이 일어나는 곳입니다. 아름다운 집의 서재는 단지 책이 있는 방이 아닙니다. 그곳은 말씀이 살아 역사하는 공간이며, 하나님의 섭리가 선명히 드러나는 영적 기록의 방입니다.

우리 또한 하루하루를 걸어가며 하늘나라 서재에 보관될 만한 순례자의 삶을 기록하고 있습니다. 말씀을 기억하십시오. 진리를 기록하십시오. 그리고 믿음의 자취를 후대에 남기십시오.

질문과 나눔

◇ 당신은 신앙의 길을 혼자만의 여정이 아니라, 믿음의 선진들이 걸어간 길을 따르는 공동체적 여정으로 기억하고 있나요?

◇ 당신은 말씀과 교회의 역사, 신앙의 기록이 담긴 책을 통해 신앙의 성숙을 경험하고 있나요?

◇ 당신의 삶은 훗날 다음 세대가 본받을 수 있는 믿음의 기록을 남기고 있나요?

◇ 믿음의 선배들이 남긴 기록이나 말씀을 통해 교훈을 얻고 신앙의 도전과 결단을 했던 경험이 있다면 함께 나누어 보세요.

적용과 결단

◇ **말씀을 삶의 내비게이션으로 사용하세요.**
날마다 성경 말씀을 통해 나의 걸음을 점검하며, 신앙의 길이 흔들리지 않도록 말씀의 빛 가운데 순례의 길을 걸어가겠습니다.

◇ **신앙의 전통을 적극적으로 배워 보세요.**
성경에 등장하는 믿음의 거인들과 교회 역사 속 믿음의 선배들의 삶을 배우며, 내 신앙이 더욱 깊이 자라도록 하겠습니다.

◇ **말씀과 더불어 신앙에 도움이 되는 책을 읽어 보세요.**
인생 순례의 길에서 말씀과 더불어 좋은 신앙 서적이 지혜와 성숙을 가져다주는 영혼의 좋은 양식임을 알고 가까이하겠습니다.

기도

하나님 아버지, 성경에 기록된 믿음의 선배들의 발자취를 통해 오늘도 제 순례의 걸음을 비추어 주시는 은혜에 감사드립니다. 말씀을 통해 얻는 교훈과 진리를 마음에 새기게 하시고, 다음 세대에 믿음의 발자취를 남기는 인생 순례의 길을 걷게 하옵소서. 말씀이 육신이 되신 예수님의 이름으로 기도합니다. 아멘.

23. 아름다운 집의 무기고
영적 전투를 위한 하나님의 전신 갑주

그러므로 하나님의 전신 갑주를 취하라
이는 악한 날에 너희가 능히 대적하고 모든 일을 행한 후에
서기 위함이라_엡 6:13

《천로역정》 이야기

크리스천은 아름다운 집에 머무는 동안 자매들의 안내로 '무기고'(The Armory)에 들어가게 됩니다. 그곳에는 이전 순례자들이 사용했던 거룩한 무기들과 방어구, 곧 하나님의 전신 갑주에 해당하는 장비들이 정렬되어 있습니다. 크리스천은 아름다운 집을 떠나기 전, 그 장비들을 자신의 것으로 받아 착용하며 다가올 싸움을 대비해 영적 무장을 마칩니다.

《천로역정》 해설

아름다운 집의 '무기고'는 '하나님의 전신 갑주'가 있는 곳입니다. 이곳은 성령의 무기로 무장한 하나님의 자녀들이 준비되는 영적 공간입니다. 크리스천은 이곳에서 순례자들이 반드시 맞닥뜨리게 될 싸움을 위해 공급된 무기를 '믿음으로 입는 일'을 통해 무장하게 됩니다.

'구원의 투구'는 구원의 확신을 의미하며, 순례길에서 구원받은 자의 정체성을 잊지 않고 살아가야 함을 보여 줍니다. '진리의 허리띠'는 거짓을 분별하고 자신을 진리 안에 세우는 중심을 의미합니다. 이는 순례길에서 말씀 묵상과 진실한 고백의 삶으로 나타납니다.

'의의 호심경'은 예수님의 의로 보호받는 구원의 확신을 의미합니다. 이는 죄책감에 영향을 받지 않고, 주님이 주신 의로 우리의 가슴을 보호하는 삶을 뜻합니다. 닳지 않는 '평안의 복음의 신발'

은 복음에 뿌리내린 평안과 진리를 나르는 사명감을 의미하며, 인생의 순례길에서 복음을 전하고 실천하는 모습으로 드러납니다.

'믿음의 방패'는 사탄의 여러 공격을 막아 내는 도구로, 말씀과 기도를 통해 더욱 견고해집니다. 마지막으로 유일한 공격 무기인 '성령의 검'은 좌우에 날 선 예리한 하나님의 말씀입니다. 이는 인생의 순례길에서 말씀을 듣고 읽고 묵상하고 암송하고 공부할 때 그 진가가 더욱 분명히 나타납니다.

무기고는 단지 전투를 위한 공간이 아닙니다. 그곳은 하나님의 백성이 준비되고, 담대하게 나아갈 수 있는 확신의 자리입니다. 주님은 우리를 무장시키고 순례길을 걷게 하시는 분입니다. 하나님의 전신 갑주는 육신의 힘이 아닌, '말씀과 믿음과 복음'으로 이루어진 영적 무장입니다. 오늘도 순례자의 길 위에서 무장을 잊은 자가 아니라, 말씀과 기도로 완전 무장한 자로 서십시오.

질문과 나눔

◇ 당신은 순례의 길에서 지금도 하나님의 전신 갑주로 무장하고 있나요?

◇ 당신은 '진리의 허리띠', '의의 호심경', '복음의 신', '믿음의 방패', '구원의 투구'와 '말씀의 검'을 인생의 순례길에서 바르게 사용하고 있나요?

◇ 당신이 무장한 하나님의 전신 갑주 가운데 가장 취약한 것은 무엇인가요?

◇ 하나님의 전신 갑주를 잘 갖추고 있는지 서로 점검하고, 영적 무장 가운데 연약한 부분은 무엇인지, 어떻게 더 든든히 무장할 수 있을지 함께 나누어 보세요.

적용과 결단

◇ 날마다 영적 무장을 의식하고 점검해 보세요.
하루를 시작할 때 기도와 말씀으로 하나님의 전신 갑주를 점검하며 영적 싸움에 대비하겠습니다.

◇ 평안의 복음이 예비한 신발을 잘 활용하세요.
내가 있는 자리에서 복음을 전하며 평안의 소식을 나르는 삶을 살겠습니다.

◇ 공격과 방어의 균형을 지키세요.
사탄의 불화살을 막는 믿음의 방패를 굳게 들고, 동시에 말씀의 검으로 진리를 선포하며 승리하겠습니다.

기도

하나님 아버지, 오늘도 하나님의 전신 갑주로 무장하고 하루의 길을 걸어가게 하옵소서. 구원의 투구를 쓰고, 의의 호심경과 진리의 허리띠를 바르게 착용하게 하시며, 평안의 복음이 준비한 것으로 신을 신고 믿음의 방패와 성령의 검, 곧 하나님의 말씀으로 온전히 무장하게 하옵소서. 우리를 지켜 주시는 예수님의 이름으로 기도합니다. 아멘.

24. 겸손의 골짜기와 아볼루온

가장 낮은 곳에서 벌어진 가장 치열한 영적 전투

그런즉 너희는 하나님께 복종할지어다
마귀를 대적하라 그리하면 너희를 피하리라_약 4:7

《천로역정》 이야기

크리스천은 아름다운 집에서 전신 갑주로 무장한 뒤, 곧이어 깊고 험한 '겸손의 골짜기'(Valley of Humiliation)로 들어섭니다. 이곳은 낮고 어두운 길로, 육체의 자랑과 자기 의를 내려놓아야만 지나갈 수 있는 장소입니다. 바로 그곳에서 '아볼루온'(Apollyon)이 나타나 크리스천을 공격하며 그의 과거의 죄와 허물을 들추고 신앙의 여정 자체를 포기하라고 강요합니다. 크리스천은 뒤로 물러나야 할지 잠시 고민하지만, 용감하게 아볼루온을 대적하기로 결단합니다. 그는 믿음의 방패와 말씀의 검으로 맞서 싸우며, 결국 하나님의 은혜 안에서 승리하게 됩니다.

《천로역정》 해설

'겸손의 골짜기'는 단순히 어두운 길이 아니라, 자신의 교만과 자만, 스스로의 힘을 내려놓는 '영적 저지대'입니다. 이곳을 지나야만 하나님의 능력이 온전히 임하는 자리에 이르게 됩니다. 하나님은 교만한 자를 물리치고 겸손한 자에게 은혜를 주시는 분입니다.

아볼루온은 '파괴자'라는 의미로, 요한계시록 9장에서 무저갱의 왕으로 등장하는 악의 실체이며, 정죄의 영이자 믿음을 흔드는 세력입니다. 그는 크리스천의 과거의 죄를 들추며 자격 없음을 주장하지만, 크리스천은 예수 그리스도의 보혈로 씻김 받았다는 믿음으로 맞섭니다.

크리스천은 아름다운 집에서 전신 갑주로 무장했기에 영적 전쟁에 임할 수 있었습니다. 그는 아볼루온과의 싸움에서 말씀을 선포하고 믿음으로 버티며, 이 싸움이 혼자의 싸움이 아니라 하나님이 함께하시는 영적 전투임을 드러냅니다. 베드로 사도는 우리에게 "너희는 믿음을 굳건하게 하여 그를 대적하라"(벧전5:9)라고 말합니다. 하나님은 겸손한 자에게 은혜를 베푸시고, 믿음으로 서 있는 이에게 반드시 승리를 주십니다.

질문과 나눔

◇ 당신은 신앙의 여정에서 당신의 교만과 자기 의를 내려놓고 겸손함으로 인생 순례의 길을 걷고 있나요?

◇ 당신의 영적 전투는 홀로 외롭게 싸우는 싸움이 아니라, 하나님께서 함께하시는 싸움임을 확신하고 있나요?

◇ 당신은 인생의 순례길에서 약함 중에 강함이 되시는 주님을 고백하고 있나요?

◇ 신앙의 여정에서 우리를 정죄하고 낙심하게 하는 파괴자 아볼루온에 맞서기 위해 우리가 가져야 할 신앙의 태도는 무엇인지 함께 나누어 보세요.

적용과 결단

◇ 인생의 순례길에서 겸손을 선택하세요.

내 능력과 자랑을 주님 앞에 내려놓고, 낮은 자리에서 하나님의 은혜를 구하며 겸손히 걷겠습니다.

◇ 정죄 앞에 복음을 선포하세요.

과거의 죄책감이나 사탄의 속삭임이 다가올 때마다, 예수 그리스도의 보혈로 의롭다 함을 받았음을 선포하겠습니다.

◇ 영적 전투에 깨어 있으세요.

말씀과 기도로 믿음의 방패와 성령의 검을 날마다 점검하고 사용하며, 나 혼자가 아니라 하나님과 함께 싸운다는 확신으로 서겠습니다.

기도

하나님 아버지, 날마다 저의 힘과 자랑을 내려놓고 하나님께 철저히 겸손함으로 복종하게 하옵소서. 인생의 순례길에서 만나는 버거운 영적 전투 가운데서도, 은혜로 무장한 하나님의 전신 갑주를 통해 함께하시는 하나님의 능력으로 승리하는 삶이 되게 하옵소서. 우리의 약함 중에 강함이 되시는 예수님이 이름으로 기도합니다. 아멘.

25. 사망의 음침한 골짜기

절망과 어둠 속에서도 붙드는 믿음

내가 사망의 음침한 골짜기로 다닐지라도
해를 두려워하지 않을 것은 주께서 나와 함께하심이라
주의 지팡이와 막대기가 나를 안위하시나이다_시 23:4

《천로역정》 이야기

영적 전투에서 아볼루온과 싸워 승리한 크리스천은 곧이어 '사망의 음침한 골짜기'로 들어섭니다. 그는 격렬한 영적 전투 뒤에 쉼이 있는 평온한 장소가 아니라, 겸손의 골짜기보다 더욱 힘든 장소인 사망의 음침한 골짜기를 만나게 됩니다. 이 골짜기는 해가 비치지 않는 깊은 어둠의 길로, 절망과 공포, 영적 침체가 가득한 장소입니다. 좌우에는 깊은 함정과 절벽이 있고, 앞에는 어두운 장벽과 악한 영의 속삭임, 뒤에서는 과거의 죄와 정죄의 목소리가 따라옵니다. 이 여정은 더 이상 싸울 힘조차 없는 상태에서, 하나님의 임재를 오직 믿음으로만 붙잡고 걸어가야 하는 침묵의 골짜기입니다.

《천로역정》 해설

'사망의 음침한 골짜기'는 모든 순례자가 반드시 통과해야 할 영적 침체의 시기입니다. 하나님의 응답이 느껴지지 않고, 스스로 버려졌다고 여겨지는 깊고 어두운 밤의 시간을 상징합니다. 그러나 이곳은 하나님이 부재하신 장소가 아니라, 침묵 가운데서도 여전히 임재하고 계신 자리임을 기억해야 합니다. 빛이 사라져도 믿음의 걸음은 계속되어야 합니다. 이 골짜기에서는 작은 실수 하나로도 빠질 수 있는 절망과 회의의 함정이 있으며, 뒤에서는 과거의 죄책감과 정죄가 따라와 영혼을 흔듭니다. 무시무시한 불꽃과 굉음이 들리는 지옥의 입구를 지날 때, 크리스천은 극심한 공포를 경험합니다. 이때 순례자 크리스천에게 필요한 것은 에베소서 6장 18절에 나오는 '모든 기도'(All Prayer)라는 무기입니다.

사망의 음침한 골짜기에서 크리스천이 큰 절망감을 느끼고 있을 때, 그의 앞에서 가던 한 사람의 외침이 크리스천에게 새 힘과 소망을 줍니다. 그 외침은 "내가 사망의 음침한 골짜기로 다닐지라도 해를 두려워하지 않을 것은 주께서 나와 함께하심이라"(시 23:4)라는 말씀이었습니다. 사망의 음침한 골짜기에서의 진정한 은혜는, 하나님이 보이지 않아도 여전히 우리와 함께하신다는 믿음입니다. 깊고 어두운 터널은 그 터널이 놓인 산을 가장 빠르게 지날 수 있는 지름길입니다. 인생의 순례길에서 만나는 사망의 음침한 골짜기 또한, 천성을 향하는 여정에서 축복으로 이르는 지름길이 됩니다.

질문과 나눔

◇ 당신은 하나님의 응답이 들리지 않고 임재가 느껴지지 않는 영적 침묵의 시간에도 믿음으로 인내하며 기다리고 있나요?

◇ 당신은 과거의 죄와 정죄의 목소리가 당신의 영혼을 흔들 때, 여전히 그리스도의 용서와 동행을 신뢰하고 있나요

◇ 당신은 어둠과 절망의 골짜기를 지날 때, 하나님의 동행하심을 믿음으로 고백하며 계속 걸어가고 있나요?

◇ 인생의 여정 속에서 사망의 음침한 골짜기와 같은 깊은 어둠과 영적
   침체를 경험한 적이 있다면, 그 시간을 통과하게 하신 하나님의 은혜
   를 함께 나누어 보세요.

적용과 결단

◇ 말씀으로 두려움을 이기세요.
   사망의 음침한 골짜기 같은 상황에서도, 하나님께서 항상 함께하신다
   는 약속의 말씀을 붙들고 두려움을 믿음의 고백으로 바꾸겠습니다.

◇ 인생의 가장 깊고 어두운 밤을 '모든 기도'로 이겨 내세요.
   영혼의 깊고 어두운 밤에 에베소서 6장 18절의 '모든 기도'로 하나님
   께 나아가며, 응답하시는 하나님의 은혜를 구하며 순례길을 걸어가
   겠습니다.

◇ 통과의 은혜를 기억하세요.
   깊고 어두운 터널은 끝이 아니라 통과하는 장소임을 믿고, 지금의
   어둠도 천성을 향한 빠른 길목임을 기억하며 감사와 인내로 견디겠
   습니다.

기도

하나님 아버지, 인생의 깊고 어두운 사망의 골짜기에서도 저를 붙들어
주심을 믿습니다. 두려움과 좌절보다 더욱 크신 주님을 바라보게 하시
고, 모든 기도로 주님을 의지하며 믿음으로 걸어가는 인생 순례의 여
정이 되게 하옵소서. 임마누엘, 언제나 우리와 함께하시는 예수님의
이름으로 기도합니다. 아멘.

26. 신실

순교하기까지 신실한 믿음의 동반자

우리가 살아도 주를 위하여 살고 죽어도 주를 위하여 죽나니
그러므로 사나 죽으나 우리가 주의 것이로다_롬 14:8

《천로역정》 이야기

크리스천은 사망의 음침한 골짜기를 지난 후 길에서 '신실'(Faithful)
이라는 동료 순례자를 만납니다. 그는 멸망의 도시에서 크리스천
이 천성을 향한 여정을 떠난 뒤 뒤늦게 출발했지만, 어느새 크리
스천보다 앞서 순례의 길을 걸어가고 있던 신실한 형제입니다.

신실은 크리스천이 사망의 음침한 골짜기에서 두려움으로 힘
들어할 때 시편 23편 4절을 읊조리며 크리스천에게 큰 힘과 소망
을 주었던 인물입니다. 크리스천과 신실은 기쁨 가운데 서로의
여정을 함께 나누며 믿음의 길을 함께 걸어갑니다. 허영의 시장
에서 세상의 불의한 권세와 타협하지 않고 믿음을 지킨 신실은 거
짓 증인들과 사악한 군중들에 의해 모함과 박해를 받고 결국 순교
하게 됩니다. 신실의 죽음은 고통스러웠지만, 하나님께서 예비하
신 병거를 타고 가장 빠르게, 천성으로 곧장 들어가게 됩니다.

《천로역정》 해설

'신실'은 이름 그대로 진리와 주님께 충성된 마음을 지닌 자로, 순
례자의 길에서 믿음을 끝까지 지킨 사람을 대표합니다. 그는 순
례 중 만나는 유혹과 조롱, 박해 속에서도 진리를 왜곡하지 않고
담대히 증언하며, 세상의 위협 앞에서도 진실함을 포기하지 않는
자입니다. 신실은 세속적 가치와 타협하지 않는 복음적 삶의 결
과로 억울한 박해와 죽음을 맞이하지만, 그의 죽음은 곧바로 하늘
의 영광으로 이어지는 순교입니다. 이는 세상의 가치와 하나님의

가치가 다름을 의미합니다.

크리스천과 신실의 만남은 신앙 공동체의 힘을 드러냅니다. 혼자 걸을 때보다 함께 걸을 때 더 멀리, 더 담대히 나아갈 수 있음을 보여 줍니다. 신실은 세상의 눈에는 비참한 죽음을 맞이한 자였지만, 하늘의 관점에서는 즉시 천성으로 인도된 승리자였습니다. 그는 믿음을 지키기 위해 목숨도 아끼지 않았으며, 그 신앙은 세상에 의해 꺾이지 않고 오히려 하나님의 영광을 드러냈습니다. 오늘도 순례자의 길을 걷는 우리에게 신실처럼 충직한 믿음을 품고 살아가는 것이 가장 복된 삶임을 기억해야 합니다.

질문과 나눔

◇ 당신은 '신실'처럼 세상의 권세와 유혹 앞에서 타협하지 않고 끝까지 진리를 붙드는 삶을 살고 있나요?

◇ 당신은 신앙 때문에 조롱이나 불이익, 손해를 경험할 때에도 여전히 복음을 선택할 수 있나요?

◇ 당신은 인생의 순례길에 함께 할 신실한 친구가 있나요? 당신도 누군가에게 신실한 친구인가요?

◇ 신앙의 여정에서 믿음의 길을 함께 걸으며 힘과 위로가 되어 주는 '신실' 같은 친구가 있는지 함께 나누어 보세요.

적용과 결단

◇ **신실한 믿음을 소유하세요.**
일상의 작은 선택 속에서도 오직 진리와 말씀을 기준으로 삼아 신실한 믿음의 삶을 살겠습니다.

◇ **세상의 가치보다 복음의 가치를 선택하세요.**
편안함이나 인정보다 하나님께서 기뻐하시는 길을 택하며, 세상과 타협하지 않는 삶을 살겠습니다.

◇ **'신실' 같은 좋은 친구가 되어 주세요.**
신앙 공동체 안에서 '신실'과 같은 친구가 되어 사랑과 선행으로 서로를 격려하겠습니다.

기도

하나님 아버지, 신실처럼 끝까지 믿음을 지키는 순례자가 되게 하옵소서. 순례의 길에서 신실과 같은 좋은 친구를 만나게 하시고, 저 또한 누군가에게 신실한 친구가 되게 하옵소서. 혼자가 아니라 믿음의 공동체와 함께 걷게 하신 주님께 감사드립니다. 참된 친구가 되신 예수님의 이름으로 기도합니다. 아멘.

27. **허영의 시장**
순례자들의 발을 묶어 놓는 곳

너희는 이 세대를 본받지 말고 오직 마음을 새롭게 함으로 변화를 받아
하나님의 선하시고 기뻐하시고 온전하신 뜻이 무엇인지 분별하도록 하라_롬 12:2

《천로역정》 이야기

크리스천과 신실은 함께 순례의 길을 가다 '허영의 시장'(Vanity Fair)에 도착합니다. 이 시장은 세상의 모든 정욕과 유혹, 세속적인 즐거움이 날마다 팔리고 소비되는 장소입니다. 외모와 성공, 명예와 권력, 쾌락 등을 사고파는 타락한 문화의 집합소이며, 순례자들의 발을 묶어 더 이상 순례를 이어 가지 못하게 만드는 곳입니다.

크리스천과 신실은 이 시장의 물건들에 전혀 관심이 없었고, 말투와 옷차림, 관심사 또한 시장 사람들과 전혀 달랐습니다. 상인들이 "무엇을 사고 싶으냐?"라고 묻자, 그들은 "우리는 오직 진리를 살 것입니다"(잠 23:23)라고 대답합니다. 이 말로 인해 시장은 아수라장이 되고, 크리스천과 신실은 체포되어 억울하고 불의한 재판을 받게 됩니다. 신실은 진리를 고백하다 순교를 당하고, 크리스천은 고난 끝에 풀려나 다시 순례의 길을 이어 가게 됩니다.

《천로역정》 해설

'허영의 시장'은 세속 문화의 중심지로, '육신의 정욕'과 '안목의 정욕', '이생의 자랑'이 가득한 세상을 상징합니다. 유혹과 쾌락이 넘쳐나며, 신앙마저 하나의 상품처럼 취급되고, 진리를 말하는 사람은 비정상적인 존재로 취급받는 사회의 현실이 여기에 반영되어 있습니다.

크리스천과 신실은 이 시장에 순응하지 않음으로써 세속의 가치와 충돌합니다. 그들의 말과 행동, 의복과 관심사는 세상과 전혀 달랐기에 사람들의 눈에는 '이방인'처럼 보였습니다. 이는 그리스도인이 세상 속에서 경험하는 낯섦과 소외를 잘 보여 줍니다. 신실은 억울한 죽음을 당하지만, 하늘의 관점에서는 분명한 승리자입니다. 그는 가장 빠른 길로 영광스러운 천성에 들어갔습니다.

하나님은 세상에서의 패배처럼 보이는 사건을 통해 영원한 승리의 문을 여는 '역설의 은혜'를 베푸시는 분입니다. 허영의 시장은 이 세상 전체를 축소해 놓은 무대입니다. 모든 것이 사고 팔리는 이 시대 속에서 우리는 값없이 주어진 복음의 은혜를 더욱 굳게 붙들어야 합니다. 진리를 따르는 자는 세상과 충돌하지만, 진리는 침묵하지 않으며, 진리를 위한 고난은 결코 헛되지 않습니다.

질문과 나눔

◇ 당신은 인생의 순례길에서 우선순위가 세상의 가치인가요, 하나님의 진리의 말씀인가요?

◇ 당신의 말투와 관심, 삶의 모습은 세상과 구별되어 그리스도인으로서의 정체성을 드러내고 있나요?

◇ 당신은 진리를 위해 조롱과 불이익, 심지어 고난까지도 기꺼이 감당할 준비가 되어 있나요?

◇ 삶의 여정 가운데 세속의 유혹과 가치관으로 인해 마음이 흔들리고 갈등했던 경험이 있다면 나누어 보세요.

적용과 결단

◇ 인생의 순례길에서 진리를 선택하세요.
인생의 순례길에서 세속적 가치가 아니라 진리이신 하나님의 말씀을 붙들고 따르는 삶을 살겠습니다.

◇ 세상과 구별된 삶을 살아가세요.
말투와 태도, 관심과 시간의 사용에서 세상의 흐름과 구별되어 그리스도의 향기를 드러내겠습니다.

◇ 고난 중에도 감사하세요.
진리를 지키다 억울한 고난을 만날지라도 믿음으로 수용하며 감사함으로 이겨 내겠습니다.

기도

하나님 아버지, 세상의 허영과 유혹이 가득한 시장 한가운데서도 제 마음이 흔들리지 않도록 붙들어 주옵소서. 오직 진리를 끝까지 붙드는 믿음을 주시고, 세상과 충돌할지라도 복음의 빛을 드러내게 하옵소서. 신실처럼 충직하게 세상 앞에서 부끄럼 없이 주님만 따르는 삶을 살게 하옵소서. 온전하신 예수님의 이름으로 기도합니다. 아멘.

28. 소망

상실의 아픔 뒤에 주어지는 하나님의 위로와 새로운 동반자

나는 항상 소망을 품고
주를 더욱더욱 찬송하리이다_시 71:14

《천로역정》 이야기

허영의 시장에서 신실이 순교한 뒤, 크리스천은 깊은 상실감에 휩싸입니다. 그러나 바로 그 뒤를 이어 한 인물이 나타나 그와 동행합니다. 그의 이름은 '소망'(Hopeful)입니다. 소망은 허영의 시장에서 크리스천과 신실이 끝까지 믿음을 지키는 모습을 지켜보며 깊은 감동을 받습니다. 그리고 그는 크리스천의 천성을 향해 걷는 여정에 참여하기로 결단합니다. 소망은 신실의 순교를 헛되이 여기지 않았고, 그로부터 깊은 도전과 은혜를 받아 크리스천의 새로운 동반자가 되어 천성을 향해 함께 걸어갑니다.

《천로역정》 해설

'소망'은 신실의 순교를 통해 맺힌 '열매'입니다. 그의 등장은 고난이 결코 헛되지 않으며, 순교가 생명을 낳는 씨앗이 된다는 진리를 상징합니다. 이는 기독교 역사 속에서 반복되어 온 사실이며, 오늘날에도 고난의 자리에서 누군가의 회심이라는 열매가 맺힌다는 확신을 줍니다. 소망은 단순한 동반자가 아니라, 절망 가운데 하나님이 허락하신 위로이자 은혜입니다. 하나님은 상실과 고통의 시간 이후, 새로운 관계와 공동체를 통해 회복의 길을 여십니다. 소망과의 동행은 크리스천이 다시 힘을 얻어 순례의 길을 계속 걸어가게 합니다.

이 인물의 이름이 소망이라는 사실 자체가 매우 상징적입니다. 신앙의 여정은 소망 없이는 완주할 수 없습니다. 소망은 고난 속에서도 앞으로 나아가게 하는 영적 연료이며, 하나님께서 반드시 이루실 약속을 신뢰하게 만드는 힘입니다. 소망은 크리스천과 함께 순례의 마지막 지점인 천성까지 동행합니다. 신실의 죽음은 끝이 아니었습니다. 그의 순교는 소망이라는 열매를 낳았고, 크리스천은 다시 일어설 수 있었습니다. 소망은 절망 뒤에 하나님께서 주시는 선물이자, 믿음의 여정을 끝까지 완주하게 하는 내면의 동력입니다.

질문과 나눔

◇ 당신은 고난과 상실 속에서 하나님께서 주시는 새로운 소망의 선물을 발견하고 있나요?

◇ 당신은 '신실'의 순교처럼 누군가의 믿음과 헌신을 통해 신앙의 도전과 감동을 받은 경험이 있나요?

◇ 당신의 삶에서 소망은 단순한 위로나 감정이 아니라, 끝까지 완주하게 하는 영적 동력으로 자리하고 있나요?

◇ 신앙의 여정 가운데 큰 상실이나 어려움 속에서도 하나님께서 소망을 주어 다시 일어서고 회복하게 하신 경험이 있다면 함께 나누어 보세요.

적용과 결단

◇ 고난 중에 소망을 기억하세요.

절망의 순간에도 고난이 헛되지 않으며 하나님께서 반드시 열매 맺으신다는 믿음을 붙들고, 낙심 대신 소망을 선택하겠습니다.

◇ 순례의 길에서 소망을 전하는 순례자가 되세요.

믿음이 약해진 이들에게 소망을 심어 주며, 함께 천성을 향해 걸어가는 동반자가 되겠습니다.

◇ 하나님의 약속을 끝까지 신뢰하세요.

눈앞의 어려움보다 하나님께서 이루실 천성의 영광을 바라보며, 끝까지 소망 가운데 믿음을 지키겠습니다.

기도

하나님 아버지, 절망 가운데서도 소망의 은혜를 허락하시니 감사합니다. 인생의 순례길에서 항상 소망을 품고 주님을 더욱 찬송하는 순례자가 되게 하옵소서. 끝까지 소망과 함께 믿음의 길을 걸어가게 하옵소서. 참 소망이신 예수님의 이름으로 기도합니다. 아멘.

29. 데마와 은광

신앙의 길을 벗어나게 하는 세속적 유혹의 그림자

한 사람이 두 주인을 섬기지 못할 것이니
혹 이를 미워하고 저를 사랑하거나 혹 이를 중히 여기고 저를 경히 여김이라
너희가 하나님과 재물을 겸하여 섬기지 못하느니라_마 6:24

《천로역정》 이야기

크리스천과 소망이 함께 순례의 여정을 계속하던 중, 한 인물을 만나게 됩니다. 그의 이름은 '데마'(Demas)입니다. 그는 선량한 모습을 하고 순례자들에게 다가가, 순례의 길에서 조금만 벗어나면 큰 부를 얻게 될 것이라 유혹합니다. 그가 인도하려 한 곳은 '더러운 돈'(Lucre)이라는 언덕에 있는 '은광'(Silver Mine)이었습니다. 이는 곧 세속적 이익과 정직하지 않은 부를 상징하는 장소입니다. 그러나 크리스천과 소망은 이 유혹을 뿌리치고 계속 순례의 길을 걷습니다. 그들은 '이기주의'와 그 일행이 데마의 유혹에 빠져 결국 돌이키지 못하는 모습을 목격하며 경각심을 갖게 됩니다.

《천로역정》 해설

'데마'는 성경에 등장하는 실제 인물입니다. 그는 한때 사도 바울과 함께 복음을 전하던 동역자였으나, 바울은 그에 대해 "데마는 이 세상을 사랑하여 나를 버리고 데살로니가로 갔고"(딤후 4:10)라고 증언합니다. 데마는 세상의 부와 안락함을 신앙보다 더 사랑한 사람의 전형입니다.

'은광'은 재물과 명예, 세상적 성공과 같은 이 땅의 유익을 상징합니다. 특히 '더러운 돈'이라는 언덕에 위치한 은광은 정직하지 않은 방법으로 얻은 재물을 의미합니다. 이 은광은 순례자들을 믿음의 길에서 벗어나게 하려는 사탄의 유혹이자 함정입니다.

데마의 제안에 대해 크리스천은 그가 '게하시'의 자손이며 '가룟

유다'의 자녀와 같다는 사실을 간파하고 단호히 거절합니다. 이러한 태도는 우리에게 분명한 기준을 제시합니다. 믿음의 여정에는 반드시 재물의 유혹이 존재하며, 그 앞에서는 단호한 거절이 필요하다는 것입니다. 물론 세상을 살아가는 데에는 돈이 필요합니다. 그러나 정직하지 않은 불의한 이익은 단호히 거절해야 합니다. 더 나아가, 정직하게 번 돈이라 할지라도 하나님보다 더 사랑한다면 그것은 우상 숭배가 됩니다. 돈은 목적이 아니라 도구입니다. 그러므로 우리는 하나님의 영광을 위한 분명한 목적을 가지고 돈을 사용해야 합니다.

질문과 나눔

◇ 당신은 신앙의 여정에서 세상의 부와 안락함을 신앙보다 더 매력적으로 여기고 있지는 않나요?

◇ 당신은 부와 성공이 삶의 목적이 아니라 하나님의 영광을 위한 도구임을 확신하나요?

◇ 당신은 순례의 길에서 세속적 보상보다 천성에서 누릴 하늘의 상급과 참된 기업을 더 사모하고 있나요?

◇ 탐욕을 이기고 하나님의 영광을 위하여 돈과 재물을 바르게 사용하려면 우리에게 어떤 태도와 실천이 필요한지 함께 나누어 보세요.

적용과 결단

◇ **재물을 하나님의 영광을 위해 사용하세요.**

돈을 삶의 목적이 아니라 하나님의 영광을 위한 도구로 여기며 살아
가겠습니다.

◇ **유혹 앞에서 단호히 거절하세요.**

정직하지 않은 세속적 이익과 유혹이 다가올 때, 단호하게 거절하며
믿음의 길을 계속 걸어가겠습니다.

◇ **하늘의 상급을 소망하세요.**

세상의 금과 은보다 영원한 천성의 상급을 더 가치 있게 여기겠습
니다.

기도

하나님 아버지, 제 마음을 흔드는 세속의 은광 앞에서 데마처럼 세상
을 사랑하지 않게 하옵소서. 재물이 제 삶의 목적이 아니라 하나님의
영광을 위한 도구가 되게 하시고, 참된 보화는 하늘에 있음을 늘 기억
하게 하옵소서. 천성을 향한 길에서 유혹에 멈추지 않고 믿음으로 담
대히 걸어가게 하옵소서. 우리의 참 보배가 되신 예수님의 이름으로
기도합니다. 아멘.

30. 롯의 아내

뒤를 돌아본 자의 비극

예수께서 이르시되 손에 쟁기를 잡고 뒤를 돌아보는 자는
하나님의 나라에 합당하지 아니하니라 하시니라_눅 9:62

《천로역정》 이야기

데마의 유혹을 단호히 거절한 크리스천과 소망은 순례길에서 마치 한 여인이 기둥으로 변한 듯한 모습의 오래된 비석을 발견하게 됩니다. 그들은 그 비석 위에 새겨진 "롯의 처를 기억하라"라는 글귀를 보게 됩니다. 이는 단지 구약성경 속 한 사건을 상기시키는 말이 아니라, 믿음의 여정에서 미련을 남긴 자의 최후가 무엇인지를 경고하는 영적 표지입니다. '롯의 아내'는 구원의 손길을 받아 소돔에서 탈출했지만 뒤를 돌아보았고, 그 결과 소금 기둥이 되는 비극적인 결말을 맞이했습니다. 그녀는 구원의 문턱까지 나아갔으나 세상에 대한 애착을 끊지 못한 영혼의 전형으로 제시됩니다.

《천로역정》 해설

'롯의 아내'가 뒤를 돌아보았다는 것에 대해 성경은 단순히 고개를 돌린 행위를 말하는 것이 아니라, 내면의 방향이 돌아섰음을 의미합니다. 롯의 아내는 소돔과 고모라에서 몸은 나왔지만, 마음은 여전히 세상에 묶여 있었습니다. 그녀의 행동은 신앙의 길을 걷고 있으나 세상의 가치와 쾌락, 관계와 소유에 더 큰 가치를 두고 있는 영적 상태를 드러냅니다. 예수님께서도 누가복음에서 "롯의 처를 기억하라"(눅 17:32)라고 경고하십니다. 이는 단순한 도덕적 실패가 아니라, 신앙의 여정 중에 나타나는 돌이킴 없는 후퇴와 미련의 모습입니다.

끝까지 가지 못한 자의 모습은 참된 믿음이 무엇인지를 되묻게 합니다. 롯의 아내는 의로운 롯과 함께 있었고 구원을 경험한 것처럼 보였지만, 그녀의 마음은 여전히 세상이라는 우상에 사로 잡혀 있었습니다. 신앙인은 외적인 종교 행위보다 마음 깊은 곳 의 주인이 누구인지를 점검해야 합니다. 신앙은 시작도 중요하지 만, 과정과 끝도 중요합니다. 구원의 문턱까지 이르렀다 할지라도 세상을 향한 미련으로 발걸음을 멈춘다면, 그 길은 더 이상 생명의 길이 아닙니다. 하나님은 우리에게 전진을 요구하며 뒤를 돌아보 지 말라고 말씀하십니다. 이제는 멈추지 마십시오. 뒤를 돌아보지 마십시오. 하늘 본향을 향해 끝까지 나아가는 자가 복된 자입니다.

질문과 나눔

◇ 당신은 신앙의 길을 걷고 있으면서도 여전히 세속적 쾌락과 누림을 부러워하고 있지는 않나요?

◇ 당신의 신앙의 방향은 하나님 나라를 향해 굳건히 전진하고 있나요?

◇ 당신은 끝까지 포기하지 않는 믿음을 위해 어떻게 마음을 지키고 있 나요?

◇ 신앙의 길에서 끝까지 하늘 본향을 향해 나아가기 위해, 우리가 서로 를 어떻게 격려하고 믿음 안에서 도울 수 있을지 함께 나누어 보세요.

적용과 결단

◇ 하나님을 더 사랑하고 붙드세요.

하나님보다 더 의지하고 집착하던 소유와 관계, 습관을 내려놓고 주님을 더욱 굳게 붙들겠습니다.

◇ 믿음의 방향을 점검하세요.

날마다 말씀과 기도를 통해 나의 마음이 세상이 아닌 하나님 나라를 향하고 있는지 점검하며 순례의 길을 걷겠습니다.

◇ 인생 순례길의 완주를 다짐해 보세요.

신앙은 끝까지 완주하는 것임을 기억하며, 오늘도 기쁨으로 순례자의 발걸음을 내딛겠습니다.

기도

하나님 아버지, 롯의 아내처럼 세상에 미련을 두지 않게 하시고, 세상을 향해 뒤를 돌아보는 어리석음을 범하지 않게 하옵소서. 구원의 길에서 끝까지 나아가 앞에 계신 주님만 바라보게 하시어, 하나님 나라에 합당한 순례자가 되게 하옵소서. 알파와 오메가, 처음이요 나중 되신 예수님의 이름으로 기도합니다. 아멘.

31. 생명수의 강가

순례길에 영혼의 회복을 주는 은혜의 강가

또 내게 말씀하시되 이루었도다
나는 알파와 오메가요 처음과 마지막이라
내가 생명수 샘물을 목마른 자에게 값없이 주리니_계 21:6

《천로역정》 이야기

크리스천과 소망은 "롯의 처를 기억하라"라는 영적 교훈을 마음에 새기고 순례의 길을 계속 걸어가다가, 기분 좋게 흐르는 한 강에 이르게 됩니다. 그 강의 이름은 '생명수의 강'(River of the Water of Life)입니다. 그곳은 아름답고 고요한 쉼터로, 신선한 공기와 푸른 풀밭이 펼쳐져 있습니다. 맑게 흐르는 물소리와 생기를 더하는 과일나무들도 자라고 있었습니다. 순례자들은 그곳에서 안전하게 쉬며 마음의 회복을 얻고, 내면의 깊은 기쁨과 감사를 경험합니다. 이는 하나님의 위로와 임재 가운데 주어지는 '은혜의 쉼'을 상징합니다.

《천로역정》 해설

'생명수의 강'은 하나님으로부터 흘러나오는 영원한 생명의 근원을 상징합니다. 이는 하나님의 임재와 은혜, 말씀과 성령의 생명력을 나타냅니다. 하나님께서는 순례길에 지친 순례자들을 위해 쉴 수 있는 장소를 예비하시는 분입니다. '생명수의 강가'는 삶의 광야 한가운데서 주어지는 하나님의 선물과 같은 안식처입니다. 이 안식은 단순한 휴식이 아니라, 회복과 재충전 그리고 내면의 소생을 위한 은혜의 시간입니다. 순례자들은 이 쉼을 통해 다시 순례를 이어 갈 힘을 얻게 됩니다. 그들은 이곳에 잠시 머물며 하나님의 자비와 인도하심을 기억하고, 다시 사명을 붙잡습니다.

우리 하나님은 위로의 하나님이며, 새 힘을 주시는 분입니다.

생명수의 강가에 머문 이들은 다시 일어나 걸어갈 힘을 얻는 자들입니다. 이 생명수의 강가는 해석자의 집, 아름다운 집, 기쁨의 산과 같이 이 시대의 교회를 상징합니다. 하나님께서는 교회를 통해 순례자들에게 영적 안식과 쉼을 허락하십니다.

질문과 나눔

◇ 당신은 인생의 순례길에서 영과 육의 쉼과 회복을 잘 누리고 있나요?

◇ 당신은 교회에서 예배와 말씀, 나눔과 교제를 통해 생명수를 마시며 영적 갈증을 잘 해갈하고 있나요?

◇ 당신은 순례길에서 쉼의 시간을 보낸 후, 하나님께서 주시는 새로운 힘과 사명을 기억하며 다시 걸어가고 있나요?

◇ 신앙의 여정에서 지치고 힘들 때 하나님께서 주신 '생명수의 강'과 같은 은혜의 쉼을 경험했던 순간이 있다면 함께 나누어 보세요.

적용과 결단

◇ 쉼을 은혜로 온전히 누리세요.

순례길에서 하나님께서 주시는 쉼의 순간을 선물로 받아들이고, 그 안에서 영혼과 육체의 회복을 경험하겠습니다.

◇ 은혜로 영혼을 재충전하세요.

말씀과 성령의 은혜를 날마다 사모함으로, 내 영혼이 지치지 않고 다시 소생되도록 꾸준히 훈련하겠습니다.

◇ 쉼을 마치고 힘을 얻어 다시 순례길을 이어 가세요.

안식의 자리에서 힘을 얻었다면, 그 힘으로 다시 사명을 붙잡고 흔들림 없이 순례의 길을 이어 가겠습니다.

기도

하나님 아버지, 지친 제 영혼을 생명수의 강가로 인도하시니 감사합니다. 푸른 초장과 맑은 물가에서 주님의 위로와 은혜로 다시 힘을 얻게 하옵소서. 이 쉼이 멈춤이 아니라 다시 순례의 길을 걸어갈 힘이 되게 하시고, 제 영혼 깊은 곳에서 감사와 기쁨이 흘러넘치게 하옵소서. 우리의 참 안식이 되시는 예수님의 이름으로 기도합니다. 아멘.

32. 절망의 거인과 의심의 성

절대 절망 가운데 주시는 하나님의 약속

내 영혼아 네가 어찌하여 낙심하며 어찌하여 내 속에서 불안해하는가
너는 하나님께 소망을 두라 그가 나타나 도우심으로 말미암아
내가 여전히 찬송하리로다_시 42:5

《천로역정》 이야기

크리스천과 소망은 곤고의 길을 걷다가 길을 잘못 들어 '의심의 성'(Doubting Castle)에 갇히게 됩니다. 이곳은 무자비한 '절망의 거인'(Giant Despair)이 지키는 절대 절망의 감옥입니다. 두 순례자는 그곳에서 믿음과 소망을 잃은 듯한 상태로 극심한 고통과 의심에 휩싸이게 됩니다. 그러나 소망의 끊임없는 격려와 크리스천이 절망 가운데서 드리는 간절한 기도를 통해, 그들은 그동안 잊고 있었던 한 가지 중요한 사실을 깨닫게 됩니다. 바로 그들의 품속에 '약속'(Promise)이라는 이름의 열쇠가 있었다는 사실입니다. 이 열쇠로 그들은 문을 열고 의심의 성을 벗어나 자유를 얻게 됩니다.

《천로역정》 해설

'의심의 성'은 순례자가 자신의 믿음을 의심하고 하나님을 온전히 신뢰하지 못할 때 빠지게 되는 내면의 감옥을 상징합니다. 여기서 의심은 단순한 질문이 아니라, 영혼을 질식시키는 부정과 불신으로 작용합니다. '절망의 거인'은 인간 내면에 자리한 자포자기와 낙담, 무기력과 신뢰 상실을 상징하는 존재입니다. 그는 자살 충동을 불러일으키며 하나님과 단절된 것처럼 느끼게 만들지만, 실제로 하나님은 여전히 당신의 자녀들을 붙들고 계십니다.

절망의 감옥에 갇힌 상황 속에서도 그들이 자유를 얻을 수 있었던 이유는, 이미 하나님의 약속이 그들의 품에 주어져 있었기 때문입니다. 하나님의 말씀은 죄책감과 낙심이라는 절대 절망을 절대 소망으로 바꾸는 열쇠입니다. 순례자는 말씀을 기억하고 붙들 때 의심의 감옥에서 해방됩니다. 절망은 완전히 닫힌 감옥처럼 보이지만, 그렇지 않습니다. 하나님은 이미 그 감옥을 나올 수 있는 열쇠를 우리에게 주셨습니다. 그것은 바로 '약속의 말씀'입니다. 의심과 절망 가운데 있는 순례자가 있다면, 하나님의 말씀으로 위로를 받고 그 말씀을 의지하여 기도하십시오. 그러면 의심의 감옥에서 자유를 얻게 될 것입니다.

질문과 나눔

◇ 당신은 신앙의 여정에서 낙심과 무기력의 감옥에 갇힌 듯한 경험이 있나요? 그때 그 자리를 어떻게 벗어났나요?

◇ 당신은 어떤 상황 속에서도 하나님께서 주신 약속의 말씀을 가장 중요하게 생각하고 있나요?

◇ 당신은 인생의 순례길에서 서로를 격려하고 위로할 수 있는 믿음의 공동체 안에 머물고 있나요?

◇ 인생의 여정 가운데 깊은 의심과 낙심 속에서 절망을 경험했던 순간이 있다면, 그때 하나님의 말씀이 어떻게 다시 소망과 자유를 주었는지 함께 나누어 보세요.

적용과 결단

◇ **인생의 순례길에서 항상 약속의 말씀을 기억하고 붙드세요.**

낙심과 절망이 밀려올 때마다 약속의 말씀을 암송하고 기도로 붙들며, 그 말씀을 내 영혼의 열쇠로 사용하겠습니다.

◇ **절망의 목소리를 단호히 거절하세요.**

절망의 거인이 들려주는 "너는 끝났다", "희망은 없다"라는 거짓된 음성을 단호히 거절하고, 하나님께서 여전히 나를 붙드신다는 진리를 믿음으로 고백하겠습니다.

◇ **공동체 안에서 소망을 나누세요.**

믿음의 공동체 안에서 서로 말씀으로 격려함으로써, 순례길에서 의심과 낙심으로부터 자유를 누리겠습니다.

기도

하나님 아버지, 인생의 순례길에서 절망과 의심의 성에 갇힌 듯 낙심될 때, 이미 제게 주신 '약속의 열쇠'를 기억하게 하옵소서. 절망의 그늘 속에서도 주님의 말씀은 자유를 주며 소망으로 다시 일어서게 함을 믿습니다. 오늘도 주님의 말씀을 붙들고 절대 절망을 절대 소망으로 바꾸는 믿음을 소유하게 하옵소서. 참 소망이신 예수님의 이름으로 기도합니다. 아멘.

33. 기쁨의 산과 네 목자

소망의 쉼터, 바른길로 안내하는 네 목자

여호와는 나의 목자시니 내게 부족함이 없으리로다_시 23:1

《천로역정》 이야기

길고 험한 여정을 지나온 크리스천과 소망은 '기쁨의 산'(The Delectable Mountains)에 이릅니다. 이곳은 안식과 공급 그리고 분별의 시간이 허락되는 특별한 장소로, 마치 천국의 전초 기지 같은 곳입니다. 크리스천과 소망은 이곳에서 '지식'(Knowledge), '경험'(Experience), '경계'(Watchful), '성실'(Sincere)이라는 이름의 네 명의 목자를 만납니다. 그들은 순례자들에게 진리의 전망을 열어 주고, 남은 길에서 피해야 할 위험을 보여 주며, 성도의 영혼을 새롭게 무장시킵니다. 이곳은 단순한 휴식처가 아니라 믿음의 핵심 원리를 다시 가르치고 확인시켜 주는 영적 재정비의 장소입니다.

《천로역정》 해설

'기쁨의 산'은 순례의 여정 가운데 영혼의 재충전과 말씀의 재무장 그리고 은혜의 재확인이 이루어지는 영적인 모태와도 같은 곳입니다. 기쁨의 산은 해석자의 집이나 아름다운 집처럼 이 시대의 교회를 상징하기도 합니다. 기쁨의 산에 있는 네 명의 목자는 진리 안에서 순례자를 인도하는 영적 교사들로, 예수님의 성품을 반영하는 좋은 목자입니다.

'지식'은 하나님의 말씀에 깊이 뿌리내린 이해력과 분별력을 상징합니다. '경험'은 삶의 고난과 시련을 통과하며 믿음을 삶으로 살아 내고, 경험을 통해 신앙의 성숙을 이루어 간 자를 가리킵니다. '경계'는 늘 주위를 살피며 깨어 있는 사람으로, 삶의 모든 영역에서 영적 위협을 미리 분별하고 방심하지 않도록 주의를 주는 목자입니다. '성실'은 내면을 숨기거나 과장하지 않고 하나님 앞에 진실하게 서 있는 자입니다. 이 네 명의 목자는 순례자들에게 길을 보여 주고, 넘어지지 않도록 붙들어 주며, 낙심할 때 위로해 주는 선한 목자입니다.

질문과 나눔

◇ 당신은 지금 신앙의 여정 속에서 하나님께서 주시는 재충전과 재정비의 시간을 충분히 누리고 있나요?

◇ 당신은 교회의 '지식', '경험', '경계', '성실'과 같은 영적 목자의 가르침을 감사함과 기쁨으로 받고 있나요?

◇ 당신은 순례길에서 당신 주변의 누군가에게 선한 목자의 역할을 하고 있나요?

◇ 교회 공동체에서 지식, 경험, 경계, 성실의 덕목을 갖춘 신실한 영적 리더를 통해 영적으로 다시 힘을 얻었던 경험이 있다면 함께 나누어 보세요.

적용과 결단

◇ **말씀의 지식으로 뿌리를 내리세요.**

말씀을 배우고 묵상하며 진리 안에서 분별력을 길러 흔들리지 않는
신앙을 세우겠습니다.

◇ **말씀에 순종함으로 영적 경험을 쌓으세요.**

교회 안에서 영적 목자들을 통해 주시는 말씀의 진리를 삶 속에서
실천하며 순종하겠습니다.

◇ **영적 경계와 성실로 살아가세요.**

순례길에서 항상 깨어 기도하며 정직하고 성실하게 살아가겠습니
다. 신앙의 공동체 안에서 예수님을 닮은 선한 목자로 살겠습니다.

기도

하나님 아버지, 순례길 가운데 기쁨의 산과 같은 쉼과 안식을 허락하
시니 감사합니다. 영적 지식으로 진리를 분별하게 하시고, 영적 경험
으로 신앙을 삶에서 증거하게 하옵소서. 영적 경계로 늘 깨어 기도하
게 하시며, 성실함으로 하나님 앞에서 가식 없는 삶을 살게 하옵소서.
좋은 목자들을 보내 주신 은혜에 감사드리며, 저 또한 누군가에게 믿
음의 길을 보여 주는 선한 목자가 되게 하옵소서. 선한 목자이신 예수
님의 이름으로 기도합니다. 아멘.

34. 작은 믿음

흔들리면서도 끝까지 걸어가는 영혼

상한 갈대를 꺾지 아니하며
꺼져 가는 등불을 끄지 아니하고
진실로 정의를 시행할 것이며_사 42:3

《천로역정》이야기

크리스천은 소망과 대화를 나누던 중 '작은 믿음'(Little-faith)이라
는 인물의 이야기를 들려줍니다. 그는 본래 진심으로 순례의 길
을 시작했으나, 여정 중 세 명의 악한 자, 곧 '불신'(Mistrust), '겁
쟁이'(Faint-Heart), '죄책감'(Guilt)에게 습격을 당합니다. 작은 믿음
은 평안과 안정감, 신앙의 귀중한 진리와 소망을 상징하는 '은
전'(Silver)과 돈을 빼앗기며 신앙의 확신을 잃고 불안과 낙심 속에
서 길을 걷게 됩니다. 그러나 다행히도 그는 구원의 확신을 상징
하는 '보석'(Jewels)만은 빼앗기지 않았습니다. 그는 구원에 대한 확
신은 약했지만 끝까지 포기하지 않았고, 마침내 순례길을 완주하
여 천성에 도달합니다.

《천로역정》해설

'작은 믿음'은 우리 주변에도 그리고 우리 자신 안에도 존재하는
모습입니다. 그는 믿음이 약하고 쉽게 흔들리지만, 길을 포기하지
는 않습니다. 그는 은혜로 출발하고, 은혜로 유지되며, 은혜로 완
주합니다. 작은 믿음을 덮친 강도인 '불신', '겁쟁이', '죄책감'이라는
악한 자들은 믿음의 여정 속에서 순례자들의 확신과 자존감, 정체
성을 공격합니다. 그들은 하나님의 약속을 빼앗고 구원의 확신을
흐리게 하며, 순례자로 하여금 자신의 믿음을 의심하게 만듭니다.

작은 믿음은 위대한 순례자는 아니었습니다. 그러나 그는 포기
하지 않았고, 길에서 벗어나지 않았습니다. 그의 삶은 구원받은

자의 여정이 하나님의 선하고 신실하신 은혜에 달려 있음을 보여 줍니다. 작은 믿음은 우리의 내면에서도 만나는 인물입니다. 이 때 우리에게 필요한 것은 있는 모습 그대로 하나님 앞에 나아가는 용기입니다. 우리의 구원이 크고 놀라운 하나님의 은혜임을 깨달을 때, 영적인 강도들은 더 이상 우리를 해하지 못할 것입니다.

질문과 나눔

◇ 당신은 믿음이 약해 흔들릴 때에도 구원의 기쁨과 확신을 잃지 않도록 잘 지키고 있나요?

◇ 당신은 신앙의 여정에서 구원의 확신과 기쁨 가운데 순례길을 걷고 있나요?

◇ 당신은 끝까지 신앙의 길을 포기하지 않고 믿음으로 걸어가는 것이 참된 승리임을 기억하고 있나요?

◇ 공동체 안에서 연약한 믿음을 가진 이들이 끝까지 포기하지 않고 걸어갈 수 있도록, 우리가 어떻게 격려하고 도울 수 있을지 함께 나누어 보세요.

적용과 결단

◇ **늘 하나님의 은혜만을 붙드세요.**
내 믿음이 약해 흔들릴 때에도 있는 모습 그대로 하나님께 나아가
은혜를 붙들겠습니다.

◇ **말씀으로 확신을 가지세요.**
불신과 죄책감이 마음을 흔들 때, 구원의 약속이 담긴 말씀을 암송
하며 붙들어, 다시 믿음의 평안을 누리겠습니다.

◇ **끝까지 하나님만을 신뢰하세요.**
나의 믿음이 연약해질 때에도 나를 끝까지 붙드시는 하나님의 신실
하심을 신뢰하며 순례길을 걷겠습니다.

기도

하나님 아버지, 저의 믿음이 작고 흔들릴 때에도 결코 저를 놓지 않으
시는 은혜에 감사드립니다. 구원의 확신이 제 힘에 달린 것이 아니라
주님의 신실하심의 은혜에 달려 있음을 믿습니다. 오늘도 있는 모습
그대로 주께 나아가오니 저를 붙들어 끝까지 믿음의 길을 걷게 하옵소
서. 우리의 연약함을 아시는 예수님의 이름으로 기도합니다. 아멘.

35. 무지

스스로의 행위를 옳다 여기며 천성 문 앞에서 버려지는 자

내가 증언하노니 그들이 하나님께 열심이 있으나
올바른 지식을 따른 것이 아니니라
하나님의 의를 모르고 자기 의를 세우려고
힘써 하나님의 의에 복종하지 아니하였느니라_롬 10:2-3

《천로역정》 이야기

크리스천과 소망은 계속되는 순례의 여정 중에 '무지'(Ignorance)라는 젊은이를 만납니다. 그는 겉모습이 경건하고 예의 바르며 종교적으로 보이지만, 자신의 의로움과 행위로 구원을 받을 수 있다고 주장합니다. 그는 예수 그리스도를 믿는 믿음으로 말미암은 의가 아니라 자신의 선한 마음과 도덕적 행동, 종교적 열심으로 구원에 이를 수 있다고 굳게 믿습니다. 그는 자신이 구원받았다고 착각한 채 끝까지 여정을 함께 걸었으나, 천성 문 앞에서 '증명서'가 없다는 이유로 쫓겨나 결국 영원한 멸망에 들어갑니다.

《천로역정》 해설

'무지'는 구원이라는 개념은 알고 있었으나, 구원의 방식을 잘못 이해했습니다. 그는 "나는 선한 마음으로 살아왔다"는 기준을 붙잡았고, 예수님의 십자가가 아니라 자신의 선한 성품과 선행을 의지했습니다. 예수님께서는 혼인 잔치의 비유에서 초대를 받았지만 혼인 예복을 입지 않은 자가 마지막에 쫓겨나는 이야기를 들려주셨습니다(마 22:11-14). 무지는 바로 이 인물과 같습니다. 그는 '예수님의 의'라는 예복 없이 자신의 의로 잔치에 들어가려 했던 자입니다.

무지는 결국 천성 문 앞에서 심판을 받습니다. 그는 자신이 구원받았다고 확신했지만, 참된 믿음과 회개, 예수 그리스도의 구속의 은혜가 없었기에 거절당합니다. 아무리 선한 일을 하고 독실해 보이는 종교적 행위를 한다 해도, 예수 그리스도의 복음 없이는 절대로 구원받을 수 없습니다. 무지는 종교적이었으나 예수님 없이 천성의 문에 이르렀고, 그 결과 '증명서'가 없어 거절당했습니다. 우리는 늘 겸손한 마음으로 '나의 의'가 아니라 오직 예수님의 의만을 의지하며 인생의 순례길을 걸어가야 합니다.

질문과 나눔

◇ 당신은 날마다 말씀과 기도로 예수님과 인격적인 관계를 누리고 있나요?

◇ 당신은 신앙을 단순히 교회 출석이나 종교적 습관으로만 여기고 있지는 않나요?

◇ 당신의 구원이 예수님의 십자가 죽음과 부활을 믿는 믿음에 기인한다는 사실을 확신하나요?

◇ 신앙의 여정에서 '인간의 의'가 아닌, '예수님의 의'를 따르는 믿음의 열매를 맺고 있는지 함께 나누어 보세요.

적용과 결단

◇ 예수님과 인격적인 관계를 누리세요.
인생의 순례길을 나의 구주와 주님이신 예수님과 동행하며 걸어가
겠습니다.

◇ 복음 위에 확실히 서세요.
신앙의 겉모습에 만족하지 않고, 말씀과 기도로 십자가 복음을 깊이
묵상하며 그 위에 내 삶을 세우겠습니다.

◇ 구원의 확신을 점검하세요.
날마다 지속적으로 구원의 확신을 점검하며 순례길을 걸어가겠습
니다.

기도

하나님 아버지, 저의 선함이나 행위로는 구원에 이를 수 없음을 고백
합니다. 오직 예수 그리스도의 십자가와 의만을 붙들게 하옵소서. 천
성 문 앞에서 '무지'처럼 쫓겨나는 자가 아니라, 예수님의 보혈의 공로
에 힘입어 담대히 들어가는 자가 되게 하옵소서. 우리의 의가 되시는
예수님의 이름으로 기도합니다. 아멘.

36. 마법의 땅

졸음에 빠진 영혼을 깨우는 은혜의 경고

시험에 들지 않게 깨어 기도하라
마음에는 원이로되 육신이 약하도다 하시고_마 26:41

《천로역정》 이야기

천성을 향해 마지막 여정을 걷던 크리스천과 소망은 '마법의 땅'(Enchanted Ground)을 지나게 됩니다. 이 땅은 매우 평온하고 조용하며 아름다워 보이지만, 보이지 않는 졸음과 무감각이 사람을 덮는 곳입니다. 이곳에서는 자기도 모르는 사이 기도가 흐려지고, 말씀에 대한 갈망이 약해지며, 점점 잠에 빠지듯 영적 집중력이 사라집니다. 크리스천과 소망은 서로를 경계하고 격려하며, 말씀과 기도로 서로 간증하면서 이 땅을 지나가야 했습니다.

《천로역정》 해설

'마법의 땅'은 신앙 여정의 후반부에 등장합니다. 한때 뜨거운 신앙을 가졌던 이들도 익숙함과 습관, 반복되는 종교적 행위에 젖으면 언제든 무감각한 영적 졸음에 빠질 수 있습니다. 크리스천과 소망은 마법의 땅을 지나며 서로 간증을 나누고 말씀을 암송합니다. 또한 서로를 격려하며 이 땅을 통과합니다. 이는 공동체 안의 신앙적 교제와 말씀 나눔 그리고 지속적인 기도가 영적 졸음을 막는 길임을 보여 줍니다.

인생과 신앙의 연륜이 쌓이고 천성에 가까워질수록 더 편해져야 한다고 생각하기 쉽습니다. 그러나 《천로역정》은 오히려 영적으로 가장 위태로운 때는 끝에서 오는 졸음과 무감각의 순간임을 경고하며, 끝까지 완주하기 위해서는 끝까지 깨어 있어야 함을 가르칩니다. 신앙의 위기는 때로 고난이 아니라 안정과 평온 속에서 찾아옵니다. 마법의 땅은 깨어 있어야 할 순간에 스르르 잠들게 하는 치명적인 유혹의 장소입니다. 영적 졸음을 이기는 길은 말씀과 기도, 공동체 그리고 하나님과의 사랑의 대화입니다. 오늘도 우리는 그 은혜로 말미암아 다시 영적으로 깨어 천성을 향해 걷습니다.

질문과 나눔

◇ 당신은 신앙의 안정기나 평온한 시기에 오히려 영적 무감각과 졸음에 빠져 있지는 않았나요?

◇ 당신은 믿음의 공동체 안에서 서로 영적으로 깨어 있도록 격려하며 순례길을 걸어가고 있나요?

◇ 당신은 인생의 마지막 여정을 향해 갈수록 더욱 영적으로 깨어 순례길을 끝까지 완주하겠다는 다짐과 결단이 있나요?

◇ 신앙의 여정에서 끝까지 영적으로 깨어 믿음을 지켜 가기 위해 우리에게 필요한 것은 무엇인지 함께 나누어 보세요.

적용과 결단

◇ **말씀과 기도로 깨어 있으세요.**
매일의 삶에서 말씀을 묵상하고 기도로 하나님과 대화하며, 내 영혼
이 잠들지 않도록 스스로를 일깨우겠습니다.

◇ **공동체 안에서 신앙 나눔을 실천해 보세요.**
믿음의 공동체 안에서 서로 간증을 나누고 사랑과 선행으로 격려하
며, 혼자가 아니라 함께 깨어 천성을 향해 걷는 공동체의 복을 누리
겠습니다.

◇ **안정 속에서도 영적 경계를 늦추지 마세요.**
고난보다 평안 속에서 더 큰 영적 위험이 올 수 있음을 기억하며, 언
제 어디서든 끝까지 깨어 있는 순례자의 태도를 지니겠습니다.

기도

하나님 아버지, 인생의 평온과 익숙함 속에서 제 영혼이 졸음에 빠지
지 않게 하옵소서. 끝까지 깨어 말씀을 붙잡고 기도와 찬양으로 제 마
음을 깨우게 하옵소서. 공동체와 함께 서로를 격려하며 천성을 향한
발걸음을 멈추지 않게 하시고, 마지막 순간까지 깨어 믿음으로 순례길
을 완주하게 하옵소서. 우리를 항상 바른 길로 인도하시는 예수님의 이
름으로 기도합니다. 아멘.

37. 뿔라의 땅

죽음의 강을 건너기 전에 있는 안식과 위로의 땅

다시는 너를 버림받은 자라 부르지 아니하며
다시는 네 땅을 황무지라 부르지 아니하고
오직 너를 헵시바라 하며 네 땅을 뿔라라 하리니
이는 여호와께서 너를 기뻐하실 것이며
네 땅이 결혼한 것처럼 될 것임이라_사 62:4

《천로역정》이야기

크리스천과 소망은 마법의 땅을 통과한 후 '뿔라의 땅'(Land of Beulah)에 도달합니다. 이곳은 천성의 문이 멀리 보이는 곳이며, 결혼을 앞둔 신부의 땅입니다. 사랑받는 자의 땅이라고도 불립니다. 이 땅에는 밤과 어둠이 없으며, 하늘 도성에서 울려 퍼지는 종소리와 노랫소리가 들려옵니다. 신실한 성도들은 이곳에서 죽음의 강을 앞에 두고도 두려움 없는 평안과 영적 위로를 누립니다. 이 땅은 순례자가 주님의 사랑받는 영적 신부임을 깊이 깨닫는 장소이며, 그가 주님의 기쁨이 되고 주님이 그의 기쁨이 되심을 확인하는 자리입니다.

《천로역정》해설

'뿔라'는 히브리어로 '결혼한 자, 하나님의 신부'라는 의미입니다(사 62:4). 이는 하나님과 언약 관계 안에 있는 백성이 완전한 사랑 가운데 거하는 상태, 곧 하늘나라 시민으로서의 영광을 미리 누리는 삶을 상징합니다. '뿔라의 땅'은 천성의 문 앞, 죽음의 강을 앞둔 경건한 순례자의 마지막 여정을 보여 줍니다. 고통과 시험의 광야는 지나갔고, 이제는 하나님의 임재와 평안이 충만한 시간이 시작됩니다.

뿔라의 땅은 하늘나라의 기쁨을 이 땅에서 미리 맛보는 곳이며, 예수 그리스도와의 사랑을 다시 확인하는 자리입니다. 이곳에서 순례자는 큰 공포와 두려움 없이 죽음을 준비할 수 있는 은혜를 누립니다. 뿔라의 땅은 끝이 아니라 새로운 시작의 자리입니다. 죽음이 임박했으나 두려워하지 않고 소망 가운데 바라보는 영혼은 이미 천국의 백성입니다. 하나님은 예수님의 인도함을 받은 자녀들이 죽음마저도 주님과 동행하며 은혜 가운데 준비하고, 하늘의 영광을 향해 믿음으로 나아가기를 원하십니다.

질문과 나눔

◇ 당신은 예수님의 '기쁨'이자 '신부'라는 정체성을 인식하며 주님과의 언약적 사랑 안에서 살고 있나요?

◇ 당신은 지금 이 순간에도 예수님을 당신의 기쁨으로 삼고, 예수님께서 당신을 기뻐하신다는 사실을 믿으며 그 기쁨을 누리고 있나요?

◇ 당신은 죽음을 천국의 소망으로 바라보며, 천국의 기쁨을 이 땅에서 미리 누리는 믿음을 가지고 있나요?

◇ 신앙의 여정 가운데 하나님께서 주시는 깊은 평안과 사랑을 경험했던 순간이 있다면 함께 나누어 보세요.

적용과 결단

◇ 인생의 순례길에서 '뿔라의 땅'의 은혜를 경험하세요.

예배와 찬양, 말씀 속에서 예수님과의 언약적 사랑을 기억하며 매일
'뿔라의 땅'의 은혜를 누리겠습니다.

◇ 당신이 주님의 기쁨이 되고 주님이 당신의 기쁨이 되시는 삶을 살아
가세요.

오늘 하루도 하나님의 사랑받는 자녀로서 세상의 가치가 아니라
주님의 기쁨을 따라 살아겠습니다.

◇ 죽음을 소망으로 묵상해 보세요.

언젠가 맞이할 죽음을 두려워하지 않고, 예수님과의 영원한 동행
을 확신하며 천국의 백성답게 살아가겠습니다.

기도

하나님 아버지, 뿔라의 땅에서 죽음을 앞에 두고도 두려움이 아니라
평안과 소망으로 주님을 바라보게 하옵소서. 제가 주님의 기쁨이요,
주님이 저의 기쁨 되심을 고백하며 하늘 영광을 미리 맛보게 하옵소
서. 끝이 아니라 새로운 시작으로 주님과 영원히 동행하게 하옵소서.
영원하신 예수님의 이름으로 기도합니다. 아멘.

38. 죽음의 강

순례 여정의 마지막 관문, 믿음으로 건너는 죽음의 강

예수께서 이르시되 나는 부활이요 생명이니
나를 믿는 자는 죽어도 살겠고 무릇 살아서 나를 믿는 자는
영원히 죽지 아니하리니 이것을 네가 믿느냐_요 11:25-26

《천로역정》 이야기

크리스천과 소망은 기쁨의 산과 뿔라의 땅을 지나 마침내 천성의 문 앞에 도달하게 됩니다. 그러나 그곳은 곧장 들어갈 수 있는 곳이 아니었습니다. 그들 앞에는 반드시 건너야 할 깊고도 광활한 강, 곧 '죽음의 강'이 흐르고 있었습니다.

이 강은 모든 인간이 피할 수 없는 마지막 여정, 곧 죽음의 현실을 상징합니다. 이 강에는 다리가 없습니다. 누구나 자신의 믿음으로 이 강을 건너야 합니다. 크리스천은 강을 건너는 동안 처음에는 물에 빠지고 두려움에 압도됩니다. 그러나 동행자인 소망의 위로와 하나님의 약속의 말씀을 통해 다시 힘을 얻고, 마침내 무사히 강을 건너게 됩니다.

《천로역정》 해설

'죽음의 강'은 모든 인간이 반드시 마주하게 될 '죽음'을 상징합니다. 믿음의 여정을 완주한 자는 영원한 생명의 확신을 품고 이 죽음의 강을 건너야 합니다. 죽음 앞에서 크리스천은 두려워하며, 과거의 죄와 실패의 기억이 그를 가라앉게 만듭니다. 이 장면은 그리스도인이라 할지라도 마지막까지 믿음의 싸움을 겪을 수 있다는 현실을 보여 줍니다.

믿음은 감정이 아니라 붙드는 진리입니다. 소망의 격려는 죽음의 순간에도 신앙 공동체의 중요성을 드러내며, 믿음을 지켜 주는 동역자의 가치를 강조합니다. 크리스천은 죽음의 강에서 잠시 믿음이 흔들리고 두려움과 절망에 빠지지만, 소망은 그에게 "하나님의 자비하심을 기억하고, 죽음의 고통 중에도 하나님을 온전히 의지해야 한다"고 말하며 그를 일깨웁니다.

죽음의 강에서도 하나님만을 기억하고 의지할 때, 그 강을 무사히 건널 수 있습니다. 천성을 향하는 순례자들에게 죽음은 마지막이 아닙니다. 죽음은 천국으로 들어가는 문입니다. 그리스도인들이 죽음의 강을 건너는 순간 참된 생명, 곧 영원한 생명을 누리게 됩니다. 사망 권세를 이기신 예수 그리스도 안에 있는 자는 죽음의 강의 건널 때에도 두려움이 아니라 소망으로 그 강을 무사히 건너게 됩니다. 이 여정은 크리스천과 소망의 이야기이자, 바로 오늘 우리의 이야기입니다.

질문과 나눔

◇ 당신은 죽음을 영원한 생명으로 들어가는 문으로 확신하며 믿고 있나요?

◇ 당신은 죽음의 강을 건널 때 붙들어야 할 하나님의 약속의 말씀을 마음 깊이 간직하고 있나요?

◇ 당신은 믿음이 흔들릴 때 곁에서 붙들어 줄 '소망'과 같은 신앙의 친구가 존재하나요?

◇ 죽음에 대한 생각과 느낌, 감정을 나누어 보고, 육신의 죽음 이후 천국에 들어갈 확신이 있는지 함께 나누어 보세요.

적용과 결단

◇ 성경적인 죽음을 묵상해 보세요.
죽음을 두려움이 아니라 천국의 문으로 받아들이며, 매일의 삶을 영원의 시각으로 바라보겠습니다.

◇ 하나님의 말씀을 끝까지 붙드세요.
죽음의 강을 건널 때까지도 믿음이 흔들리지 않도록 약속의 말씀을 굳게 붙들고 내 삶의 중심에 두겠습니다.

◇ 인생의 순례길에서 공동체를 소중히 여기세요.
신앙 공동체 안에서 서로에게 소망이 되어 주고, 서로 격려하며 천성을 향해 나아가는 좋은 동행자가 되겠습니다.

기도

하나님 아버지, 언젠가 맞이하게 될 인생의 죽음의 강 앞에서 흔들리는 제 마음을 붙들어 주옵소서. 죽음이 끝이 아니라 주님의 나라로 들어가는 문임을 믿습니다. 사망의 권세를 이기신 예수님 안에서 두려움 대신 소망으로 그 강을 건너게 하시고, 마침내 영원한 생명과 주님의 얼굴을 뵙는 기쁨의 자리에 이르게 하옵소서. 부활이요, 생명이신 예수님의 이름으로 기도합니다. 아멘.

39. 천성 입성

순례자의 마지막 도착지, 하나님 품으로의 귀향

모든 눈물을 그 눈에서 닦아 주시니 다시는 사망이 없고
애통하는 것이나 곡하는 것이나 아픈 것이 다시 있지 아니하리니
처음 것들이 다 지나갔음이러라_계 21:4

《천로역정》 이야기

크리스천과 소망은 죽음의 강을 믿음으로 건넌 뒤, 구원받은 자들을 보호하기 위해 보낸 '빛나는 영들'의 인도로 천성의 문에 도착합니다. 그들이 천성의 문을 두드리며 십자가 언덕에서 받은 증명서를 제출했을 때, 천성의 문은 열리게 됩니다. 두 순례자는 천군 천사와 거룩한 무리의 환영을 받으며 천성에 들어갈 때 거룩하게 변화되고, 황금처럼 빛나는 옷을 입게 되며, 찬양을 위한 수금과 존귀의 표인 면류관을 받습니다. 그 순간 죄와 슬픔, 고통과 죽음이 없는 새로운 세계가 펼쳐지고, 그들은 영원한 안식과 찬양의 삶을 시작하게 됩니다.

《천로역정》 해설

천성은 순례자의 최종 목적지, 곧 새 하늘과 새 땅입니다. 하나님께서 친히 다스리시는 완전한 통치의 장소를 상징합니다. 천성은 고난과 눈물, 죄와 죽음이 완전히 사라진 곳이며, 오직 하나님의 임재와 사랑만이 가득한 장소입니다. 오직 생명책에 기록된 자만이 천성의 문 안으로 들어갈 수 있습니다. 이것은 행위의 대가가 아니라 하나님의 은혜와 예수 그리스도의 속죄로 말미암은 구원을 의미합니다.

천성 입성은 단지 죽음을 통과했다는 의미가 아닙니다. 믿음을 끝까지 지키며 달려온 순례자에게 주어지는 칭찬과 상급입니다. 천성은 환상이 아니라 약속이며, 그 약속은 예수 그리스도 안에서 확실하고 영원한 소망입니다. 또한 우리는 천국을 현재 우리의 순례길에서도 경험할 수 있습니다. 예수 그리스도를 통해 하나님 나라가 이미 시작되었고, 성령의 임재 안에서 순례자는 그나라의 능력을 지금, 여기에서 맛볼 수 있습니다. 그러나 동시에 그 나라는 아직 완성되지 않았으며, 종말에 이르러서야 비로소 충만하게 드러날 것입니다. 이를 신학에서는 흔히 '이미 그러나 아직'(Already but Not Yet)이라 부릅니다.

그러므로 이 세상에서 천국을 경험한다는 것은 장차 완성될 나라를 미리 맛보며 살아가는 것을 의미합니다. 지금은 불완전하지만 순례의 여정 속에서 천국을 누리고 경험하다가, 하나님의 때에 죽음의 강을 건너 우리의 영혼이 완전한 천국에 이르게 될 것입니다. 그 영원한 천국을 바라보며 소망의 순례 걸음을 걸어가기를 바랍니다.

질문과 나눔

◇ 당신은 천성에 들어갈 확실한 증거인 예수 그리스도의 의와 약속을 굳게 붙들고 있나요?

◇ 당신은 지금 이 땅에서 하나님의 통치를 경험하며 작은 천국을 살아내고 있나요?

◇ 당신은 순례의 여정을 끝까지 달려 믿음의 면류관을 받을 준비가 되어 있나요?

◇ 천국에 대한 확신과 소망이 인생의 순례 여정 속에서 어떤 힘과 위로가 되는지 함께 나누어 보세요.

적용과 결단

◇ 하늘의 소망으로 오늘을 살아 보세요.
매일의 삶을 단순한 생존이 아니라, 장차 누릴 영원한 천성을 바라보며 감사와 기쁨으로 살아가겠습니다.

◇ 이 땅에서 천국을 누리세요.
가정과 일터에서 말씀에 순종하며 하나님의 뜻을 실천함으로 이 땅에서 작은 천국을 누리겠습니다.

◇ 끝까지 믿음을 지키세요.
낙심과 유혹 가운데서도 믿음을 버리지 않고, 기도와 말씀 안에서 끝까지 달려갈 수 있도록 영적 경주를 이어 가겠습니다.

기도

하나님 아버지, 순례자의 길 끝에서 열릴 천성의 문을 소망합니다. 예수님의 은혜와 십자가의 보혈로 그 문에 들어가게 하심을 믿습니다. 이 땅에서도 주님의 통치를 누리며 작은 천국을 살아가게 하시고, 마침내 주님의 때에 영원한 안식과 찬양의 자리에서 면류관과 새 옷을 입고 주 앞에 서게 하옵소서. 완전한 소망이신 예수님의 이름으로 기도합니다. 아멘.

40. 현재 서 있는 길

순례 여정의 '지금, 여기'에 임하시는 하나님

여호와께서 사람의 걸음을 정하시고 그의 길을 기뻐하시나니_시 37:23

지금, 여기에서의 나의 순례이야기

《천로역정》은 멸망의 도시에서 출발하여 천성에 이르는 긴 여정의 이야기입니다. 그 여정 가운데에는 수많은 인물과 장소, 유혹과 은혜의 순간들이 등장합니다. 그러나 이 모든 순례의 의미는 결국 '지금 내가 서 있는 자리'에서 '임마누엘', 곧 '나와 함께하시는 하나님'을 신뢰하며 성령님의 은혜 안에서 예수님과 동행하느냐에 달려 있습니다. 과거는 지나갔고 미래는 보이지 않을지라도, '지금, 여기'는 하나님께서 임재하여 말씀하시는 자리임을 잊지 말아야 합니다.

지금, 여기에 역사하시는 하나님

신앙은 '지금, 여기'에서의 선택입니다. 순간의 작은 순종들이 모여 우리의 신앙을 이룹니다. 하나님의 인도하심은 과거에도 있었고 미래에도 있을 것입니다. 그러나 하나님은 언제나 현재 속에서 우리에게 역사하십니다. 오늘 순례길의 한 걸음, 지금, 여기에서의 말씀과 기도를 통한 순종이 순례의 여정 전체를 구성하는 핵심 요소입니다.

지금, 여기에서 '나와 하나님과의 관계'를 먼저 세우고, '나와 나 자신의 관계', '나와 타인의 관계'를 바르게 세워 가며 주어진 순례길을 걸어가는 것이 중요합니다. 우리가 지금 서 있는 자리는 과거의 기도와 결단의 결과이며, 동시에 미래의 영광을 준비하는 자리이기도 합니다. 고난의 길이든 평안의 길이든, 하나님은 '지금 이 순간'에도 우리와 동행하십니다.

지금 어떤 이는 절망의 늪에 있고, 어떤 이는 곤고의 산에 있으며, 어떤 이는 사망의 음침한 골짜기를 지나고 있을지도 모릅니다. 그러나 당신이 서 있는 그 자리가 어떤 자리이든지, 그곳은 하나님께서 오늘 당신에게 맡기신 순례의 지점입니다. 신앙은 결국 '지금'을 살아 내는 능력입니다. 과거의 경험과 미래의 소망은 소중하지만, 하나님은 언제나 현재의 삶을 통해 우리와 함께하십니다. 지금 당신이 서 있는 그 자리가 하나님께서 예비하신 가장 거룩한 순례의 현장입니다. 그 자리에서 말씀을 붙드십시오. 말씀에 의지하여 기도하고 묵상하며, '지금, 여기'에서 임마누엘 하나님과 동행하는 삶을 살아가기 바랍니다.

크리스천의 천성 입성 이후, 크리스천의 영향으로 아직 멸망의 도시에 남아 있던 그의 아내 '크리스티아나'와 네 아들 '마태', '사무엘', '요셉', '야곱'의 천성을 향한 순례가 《천로역정》 2부에서 이어집니다. 한 사람의 천성을 향한 영적 순례는 또 다른 사람의 천성을 향한 순례로 이어져야 합니다. 묵상하며 걷는 40일 순례길을 통해 받은 은혜를 주변 사람들과 나누고, 아직 천성을 향한 순례를 알지 못하는 이들과 동행함으로 전도자의 사명을 이루기를 바랍니다.

질문과 나눔

◇ 당신은 지금, 여기에서 하나님과 동행하는 임마누엘의 은혜를 누리고 있나요?

◇ 당신은 현재의 순종과 선택이 미래의 천성 여정으로 이어진다는 사실을 기억하고 있나요?

◇ 당신의 신앙이 다른 이들의 순례를 돕는 은혜의 통로가 되고 있나요?

◇ 지금 걷고 있는 길 위에서 우리와 함께하시는 임마누엘 하나님을 어떻게 경험하고 있는지 함께 나누어 보세요.

적용과 결단

◇ 지금, 여기, 오늘에 집중해 보세요.
과거의 후회나 미래의 불안보다 '지금, 여기'에서 나와 동행하시는 하나님께 집중하며 하루를 살아가겠습니다.

◇ 순종의 작은 걸음을 실천하세요.
오늘 하루 말씀 묵상과 기도, 사랑의 실천이라는 작은 순종으로 순례길을 이어 가겠습니다.

◇ 순례의 은혜를 나누어 보세요.
내가 받은 은혜와 깨달음을 가족과 이웃, 믿지 않는 친구와 나누며 그들도 천성을 향한 여정에 동행할 수 있도록 섬기겠습니다.

기도

하나님 아버지, 제가 과거에 베풀어 주신 은혜와 미래에 약속하신 소망을 붙들되 지금, 여기에서 함께하시는 임마누엘의 주님을 신뢰하며 인생 순례의 걸음을 감사와 기쁨으로 걸어가게 하옵소서. 오늘의 작은 순종이 저의 인생의 순례를 채우고, 아직 믿음이 없는 영혼들을 천성을 향한 여정으로 이끄는 삶을 살아가게 하옵소서. 저를 통해《천로역정》의 은혜가 이어지고 주님의 나라가 확장되게 하옵소서. 지금, 여기에서 우리와 동행하시는 예수님의 이름으로 기도합니다. 아멘.

천로역정
PILGRIM'S PROGRESS